13
cosas que
las personas
mentalmente
fuertes no hacen

CUADERNO
DE TRABAJO

AMY MORIN

AGUILAR

El papel utilizado para la impresión de este libro ha sido fabricado a partir de madera procedente de bosques y plantaciones gestionadas con los más altos estándares ambientales, garantizando una explotación de los recursos sostenible con el medio ambiente y beneficiosa para las personas.

13 cosas que las personas mentalmente fuertes no hacen
Cuaderno de trabajo

Título original: *13 Things Mentally Strong People Don't Do. Workbook*

Primera edición: octubre, 2024

D. R. © 2023, Amy Morin

This edition is published by arrangement with Dystel, Goderich & Bourret LLC through International Editors and Yañez' Co.
Esta traducción se publica por acuerdo con Dystel, Goderich & Bourret LLC a través de International Editors y Yañez' Co.

D. R. © 2024, derechos de edición mundiales en lengua castellana:
Penguin Random House Grupo Editorial, S. A. de C. V.
Blvd. Miguel de Cervantes Saavedra núm. 301, 1er piso,
colonia Granada, alcaldía Miguel Hidalgo, C. P. 11520,
Ciudad de México

penguinlibros.com

D. R. © Olivia Lo Sardo, por el diseño de portada
D. R. © 2024, Susana Olivares, por la traducción

Penguin Random House Grupo Editorial apoya la protección del *copyright*.
El *copyright* estimula la creatividad, defiende la diversidad en el ámbito de las ideas y el conocimiento, promueve la libre expresión y favorece una cultura viva. Gracias por comprar una edición autorizada de este libro y por respetar las leyes del Derecho de Autor y *copyright*. Al hacerlo está respaldando a los autores y permitiendo que PRHGE continúe publicando libros para todos los lectores.

Queda prohibido bajo las sanciones establecidas por las leyes escanear, reproducir total o parcialmente esta obra por cualquier medio o procedimiento así como la distribución de ejemplares mediante alquiler o préstamo público sin previa autorización.
Si necesita fotocopiar o escanear algún fragmento de esta obra diríjase a CemPro
(Centro Mexicano de Protección y Fomento de los Derechos de Autor, https://cempro.com.mx).

ISBN: 978-607-384-996-8

Impreso en México – *Printed in Mexico*

*Para todos aquellos que conocen el dolor,
que comprenden la lucha y que dudan
de su propia fortaleza*

Índice

Introducción   9

1   No pierdas el tiempo autocompadeciéndote   27

2   No regales tu poder   53

3   No evites el cambio   77

4   No te concentres en lo que no puedes controlar   101

5   No te preocupes por complacer a los demás   123

6   No temas arriesgarte   145

7   No vivas en el pasado   167

8   No repitas los mismos errores   187

9   No sufras por el éxito de los demás   207

10   No te rindas tras un fracaso   227

11 No le temas a la soledad — 253

12 No sientas que el mundo te debe algo — 273

13 No esperes resultados inmediatos — 291

Conclusiones — 311

Recursos — 321

Referencias — 323

Agradecimientos — 325

Introducción

La primera mitad de mi vida fue como si estuviera compitiendo en una carrera. Pasaba mi tiempo tratando de tachar cosas de mi lista de pendientes, como si esperara que me dieran un premio por alcanzar mis metas lo más rápido posible. Para cuando cumplí los 23 años, estaba casada, tenía un hogar, era madre sustituta y había encontrado mi primer trabajo importante como terapeuta. Pensé que había superado lo difícil: terminar mis estudios universitarios, encontrar a una maravillosa pareja y comenzar mi trayectoria profesional.

Pero entonces, recibí una de esas llamadas telefónicas que te cambian la vida en un instante. Mi hermana me habló para decirme que una ambulancia se había llevado de urgencia a nuestra mamá al hospital. Estaba demasiado confundida como para pedir los detalles de lo que había sucedido. Tan pronto colgué, subí al coche con mi marido, Lincoln, e hicimos el trayecto de hora y media al hospital. Cuando llegamos, el médico nos informó que mi mamá tenía un aneurisma cerebral que se había reventado y que había fallecido.

Como terapeuta, sabía una que otra cosa acerca de las pérdidas, pero mi educación respecto al duelo no sirvió de nada cuando necesitaba lidiar con la terrible sensación de náuseas en el estómago. La persona que me había traído al mundo ya no estaba aquí y, de alguna manera, la vida se sentía vacía sin ella.

Recuerdo que pensé "Bien, cuento con todas las herramientas que les recomiendo a las personas en el consultorio. ¿Cuáles voy a utilizar para trabajar con mi dolor?". No dejaba de pensar acerca de la manera en que tantos de mis pacientes crecían a partir de sus experiencias de dolor. Sin embargo, también sabía que algunos de ellos se sentían estancados en su propio dolor.

Cuando empecé a reflexionar sobre lo que separaba a las personas que crecían de las que se sentían estancadas, me di cuenta de que la diferencia estaba en sus hábitos, aunque no siempre tenía que ver con lo que estas personas hacían. Más bien, parecía tener más que ver con lo que esas personas *no* hacen. Aquellas personas que no tenían ciertos hábitos dañinos parecían poder alcanzar su máximo potencial a pesar de los retos que la vida les pusiera enfrente.

Una vez que supe lo anterior, quise asegurarme de evitar tener esos malos hábitos en mi propia vida mientras lidiaba con mi duelo. Pero también quería compartir esa información con mis pacientes. No obstante, como terapeuta, se me había enseñado que debía aprovechar las fortalezas de las personas. Se suponía que tenía que señalarles lo que ya estaban haciendo bien y alentarles a que siguieran por ese camino.

Sin embargo, sentí que no les estaría haciendo ningún favor si no señalaba los hábitos contraproducentes que estaban debilitando su fortaleza mental. Así que me dediqué a estudiar a detalle cuáles eran esos malos hábitos para ayudar a la gente a deshacerse de las cosas que los mantenían estancados en sus vidas.

Introducción

Me da mucho gusto que me haya esforzado por aumentar mi fortaleza mental y por deshacerme de mis malos hábitos porque mis dificultades no terminaron con la pérdida de mi mamá. En el tercer aniversario de la muerte de mi madre, Lincoln me dijo que no se sentía bien. Unos minutos después, se desplomó.

Llamé a una ambulancia. Llegaron en pocos minutos porque el hospital estaba apenas al final de la cuadra. Los paramédicos me preguntaban una y otra vez qué había sucedido. Les aseguré que no era alérgico a nada, que no utilizaba drogas y que no tenía problemas graves de salud. Lo metieron a la ambulancia y llamé a la madre de Lincoln mientras los seguía en mi coche.

La madre de Lincoln se reunió conmigo en la sala de espera del hospital. Yo no perdía la esperanza de que él solo estuviera sufriendo alguna especie de reacción alérgica o algún problema de salud que pudiera resolverse con facilidad.

Al fin, una enfermera nos pidió que pasáramos y, por un segundo, me sentí aliviada porque pensé que nos llevaría a ver a mi esposo. Pero en vez de acompañarnos a una sala de exploración, nos llevó a un cuarto privado que parecía un clóset en el que habían metido una mesa. Yo solía trabajar en ese mismo hospital y supe que aquel no era el sitio donde te daban buenas noticias. Cuando nos sentamos, un médico entró y, sin más, nos dijo: "Siento informarles que Lincoln ha fallecido". Con esa sola frase, mi vida como la conocía se trastornó por completo.

La siguiente semana transcurrió de manera confusa mientras hacíamos los preparativos para el funeral, además de que todo el mundo quería saber qué había ocurrido. Pasaron algunas semanas antes de que recibiéramos confirmación de que Lincoln había fallecido de un ataque cardiaco. Siempre que alguien me preguntaba cómo estaba, lo único que podía responder era: "Me duele respirar". No tenía otra manera de explicar cómo me sentía y decir que me sentía mal parecía restarle gravedad a lo que estaba experimentando.

Mi empresa me dio algunos días de licencia por duelo, pero fue evidente que no me bastaría con eso. Acudí a mi médico y me diagnosticó con un trastorno por estrés agudo (precursor del trastorno por estrés postraumático), una determinación que me permitió solicitar una breve incapacidad para tomar licencia con goce de sueldo. Agradecí el tiempo libre porque de ninguna manera estaba en condiciones de ayudar a otras personas a manejar sus problemas emocionales mientras yo seguía hundida en mi propia desesperación.

Tomé la decisión consciente de trabajar con mi aflicción y no darle la vuelta al dolor. El duelo es el proceso a través del cual sanamos, aunque es una experiencia lenta y dolorosa. Fueron los tres meses más oscuros, solitarios y tristes de mi vida.

Cuando regresé al trabajo, distaba de sentirme bien. Sin embargo, estaba un poco más preparada para regresar a la oficina y reiniciar mi rutina. Al paso del tiempo, retomé algunas de las actividades que Lincoln y yo llevábamos a cabo de manera conjunta, como volver a ser una madre sustituta. Y así, poco a poco, dejé de lado algunos de los sueños que habíamos tenido juntos, como el de adoptar a un niño o una niña.

Me tardé años en construir una nueva vida y en reparar mi corazón destrozado. De vez en cuando, me preguntaban si estaba interesada en salir con alguien de nuevo y mi respuesta siempre fue negativa. No podía imaginarme saliendo

Introducción

con alguien y, mucho menos, volver a casarme. No obstante, todo eso cambió cuando conocí a Steve. Él es el ser humano más amable y paciente que jamás conocí y estar con él simplemente se siente bien.

Nos enamoramos y nos casamos en una capilla *drive-through* en Las Vegas, dentro de un Chevrolet Bel Air de 1957. Fue una manera divertida de iniciar nuestra nueva vida. Compramos una casa en un área diferente. Encontré otro trabajo y me sentí agradecida de poder empezar mi vida de nuevo.

Solo que poco después de que nos casáramos nos enteramos de que mi suegro tenía cáncer. De inicio, los médicos nos dijeron que su enfermedad era tratable pero, después de unas cuantas semanas, nos indicaron que se estaba esparciendo y que no había nada que pudieran hacer para evitarlo. Le dieron un pronóstico de tres meses de vida.

Cuando escuché la noticia pensé: "No puedo volver a pasar por esto. Llevo los últimos diez años de mi vida de luto. Ya no tengo la capacidad de atravesar un duelo por alguien más". No pensé que podría lidiar con otra pérdida, pero no era como que tuviera otra opción.

Regresó la más que conocida sensación de náuseas. A pesar de ello, y a diferencia de cuando había perdido a mi madre y a Lincoln, de manera repentina e inesperada, esta vez sabía lo que se avecinaba, por lo que empecé a compadecerme de mí misma. Mi suegro me quería mucho y nos habíamos vuelto muy unidos. Por entonces yo había empezado a escribir algunos artículos de vez en cuando y él siempre me hablaba para preguntarme en qué estaba trabajando. Además de que siempre tenía los mejores chistes y los trucos de magia más impactantes.

Sin embargo, sabía que la autocompasión no me iba a servir de nada. De hecho, era una de esas cosas que podía drenar mi fortaleza mental si se lo permitía. Así que me senté y me escribí una carta que incluía todas las cosas que le gente mentalmente fuerte no hace, basándome en lo que había aprendido en mi consultorio y a lo largo de mis anteriores experiencias con la aflicción.

Cuando terminé, tenía una lista de 13 cosas. Leí esa lista todos los días, a veces en diversas ocasiones, y la encontré de gran utilidad para mí. Después, decidí publicarla en línea con la esperanza de que pudiera ayudar a alguien más y de que quizás la leyera un puñado de personas. ¡Jamás imaginé que se volvería viral y que la leerían más de 50 millones de personas!

Apenas tres días después de la muerte de mi suegro, un programa de noticias me entrevistó en vivo a escala nacional. Ese mismo día, me reuní con un agente literario que me sugirió que escribiera un libro y, al cabo de un mes, tenía un contrato para escribirlo. Fue una experiencia irreal. Mientras celebraba el éxito de mi artículo en público, lloraba la muerte de mi suegro en privado.

Estuve a punto de no compartir mi lista. Era una carta personal escrita únicamente para mí. Para nada pensé que se convertiría en un libro. Pero, un año después, *13 cosas que las personas mentalmente fuertes no hacen* llegó a las librerías. Y fue más allá de mis sueños más enloquecidos que el libro vendiera más de un millón de ejemplares y se tradujera a más de 40 idiomas.

Mucho ha cambiado desde que escribí esa carta. Me tomé un descanso de dar terapia a mis pacientes para poder tener más tiempo para escribir y produje tres libros más: *13 cosas que los padres mentalmente fuertes no hacen*, *13 cosas que*

> Introducción

las mujeres mentalmente fuertes no hacen y *13 Things Strong Kids Do* (disponible en inglés). También di una plática TED llamada "El secreto de convertirse en una persona mentalmente fuerte" que se ha visto en más de 21 millones de ocasiones.

Me convertí en editora en jefe de Verywell Mind, el sitio de salud mental más grande del mundo. También lancé The Verywell Mind Podcast, en el que entrevisto a celebridades, autores y expertos acerca de sus mejores consejos para mantenerse mentalmente fuertes y donde comparto mis estrategias favoritas para aumentar la fortaleza mental. Hablo acerca de muchas de las mismas cosas de las que solía hablar en mi consultorio, solo que ahora lo hago a mayor escala.

También dicto muchas conferencias; algo que jamás pensé que haría dado que hablar en público solía parecerme aterrador. Ahora, me paro en escenarios frente a miles de personas y hablo sobre fortaleza mental. Me encanta poder hacerlo.

Mi vida personal también ha cambiado mucho. Steve y yo nos mudamos desde Maine a los Cayos de Florida, donde vivimos en un barco de vela a tiempo completo. Todavía regreso a Maine con frecuencia para visitar a mis amigos y familiares, y la familia de Lincoln sigue formando parte importante de mi vida.

Mi existencia se ha convertido en una aventura apasionada y maravillosa. Desearía jamás haber tenido que pasar por momentos tan difíciles para llegar a donde estoy, pero es un honor compartir mi travesía y lo que aprendí a lo largo del camino.

El mundo también ha cambiado mucho desde que mi libro se publicó por primera vez en 2013. Ahora nos sentimos mucho más cómodos como sociedad al hablar de salud mental y fortaleza mental. Acudir a terapia se ha normalizado y es mucho más común que las personas hablen de la importancia de cuidar de sus mentes.

Es frecuente que mis lectores me pregunten: "¿Siempre fuiste mentalmente fuerte?". Sonrío cuando escucho esa pregunta porque batallé con la fortaleza mental durante la mayor parte de mi vida. De hecho, fui una niña ansiosa que, hasta llegar al cuarto grado, vomitaba de vez en cuando antes de ir a la escuela. Jamás hablé frente al resto del grupo, ni siquiera en preparatoria, porque hablar en público me parecía muy atemorizante. Era una perfeccionista, detestaba el cambio, me daba miedo que me juzgaran y evitaba hacer cualquier cosa fuera de mi zona de confort.

Sigo siendo una obra en construcción, pero si he aprendido algo con el paso del tiempo, es que soy capaz de levantar mi fortaleza mental.

La fortaleza mental no es algo que tienes o de lo que careces. Es algo que construyes a través de la práctica. Para sacarle el máximo provecho a estos ejercicios, también necesitas deshacerte de los hábitos dañinos que te roban tu fortaleza mental.

Desarrollar tus músculos mentales es muy parecido a cultivar tus músculos físicos. Para volverte más fuerte en términos físicos, necesitas ejercitarte; y si de verdad quieres ver resultados, es preciso eliminar los hábitos contraproducentes, como ingerir demasiada comida chatarra.

Y es ahí donde entra este cuaderno de trabajo, que se basa en los mismos principios de mi libro original. Sin embargo, expandí la información con más estrategias, preguntas y ejercicios prácticos que te ofrecerán una guía paso a paso para crear tu propio plan de fortalecimiento de tus músculos mentales.

Introducción

BENEFICIOS DE DESARROLLAR TU FORTALEZA MENTAL

Es posible que para este momento estés pensando que aumentar tu fortaleza mental requiere demasiado de ti, de una fuerza que todavía no posees. No obstante, no permitas que tu mente te convenza de no hacer lo que necesitas para lograrlo.

El presente libro contiene algunos consejos sencillos que te pueden ofrecer un rápido alivio a lo que te aflige. También te facilita muchos ejercicios que puedes empezar a incorporar en tu vida cotidiana para que desarrolles tu musculatura mental a largo plazo.

Una vez que adquieras mayor fuerza te sentirás mejor. También podrás hacer cosas que antes no podías. Pero no me lo creas a mí. A continuación te comparto algunas cosas que dicen mis lectores:

Ahora que soy más fuerte en términos mentales, puedo...

> **Amarme** y amar a los demás de manera más eficaz. Puedo comprender que los comportamientos de las personas son un reflejo de ellos, no de mí. Puedo abordar situaciones con amabilidad y compasión, incluso frente a la adversidad, y también puedo ayudar a otras personas a vivir sus propias verdades.
>
> Lance Kelly (35 años, Pensilvania)

Ser mejor persona conmigo mismo. Y quizás más importante, ser mejor persona para la gente importante de mi vida.

Dave (59 años, Michigan)

Tener más confianza a futuro. La fortaleza mental se convierte en mayor paz en lo cotidiano y en menor ansiedad.

Asey Morlet (36 años, California)

Cuidar de mí misma y atender mis necesidades, centrarme en lo bueno y mantenerme optimista y positiva.

Heidi Croft (43 años, Utah)

Estar en paz con el hecho de que puedo hacer todas las cosas "correctas" y aun así siempre habrá alguien que siga teniendo un problema conmigo. Pasé por un muy difícil año de trabajo en el 2020, pero eso me hizo atreverme a tener algunas conversaciones incómodas con otras personas y a que las cosas estén mejor en la actualidad. Pero, más que nada, no vinculo mis valores como persona a lo que los demás piensan de mí.

Ashley (29 años, Oregon)

Darme permiso de tener opiniones diferentes a las de los demás y estar bien cuando las cosas a mi alrededor no lo están.

Amy Woodley (36 años, Canadá)

Alentar a otras personas de manera más eficaz, manejar conflictos de mejor forma y, en general, pasar por las tormentas de la vida con mayor confianza.

April Spicer (43 años, Indiana)

Introducción

Ser más auténtica y no sentirme cohibida por mis defectos o por lo que los demás podrían estar pensando de mí. También estoy más presente para otros y no tanto "dentro de mi cabeza" todo el tiempo.
Sarah Thomas (37 años, Oregón)

Tomar decisiones más eficaces, tanto a nivel personal como profesional.
Vanessa (52 años, Nueva York)

Ser feliz en el ahora mientras sigo intentando alcanzar mis metas futuras. El pasado sigue ahí; ya no vivo en él, sino que me limito a aprender del mismo.
Jason Smith (35 años, Colorado)

Las tres partes de la fortaleza mental

Al paso de los años, he escuchado una serie de malentendidos relacionados con la fortaleza mental. En ocasiones, la gente dice cosas como: "No puedo ser mentalmente fuerte porque sufro de depresión" o "No lloraste el día de hoy; eso significa que te estás haciendo más fuerte". Nada de eso es cierto.

La fortaleza mental no es lo mismo que la salud mental. Piensa en ello como si se tratara de la salud física y la fuerza física. Puedes levantar pesas y hacer más fuerte tu cuerpo; desarrollar cierta fortaleza física es bueno para tu salud corporal. Sin embargo, eso no garantiza que jamás vayas a tener un problema físico, como niveles elevados de colesterol.

Lo mismo puede decirse de la salud mental. Puedes elegir ejercitar tu mente, pero eso no garantiza que nunca vayas a padecer un problema mental, como depresión. Fortalecer los músculos mentales puede prevenir ciertas dificultades, pero presentar algún trastorno mental no es señal de debilidad. De hecho, algunas de las personas más fuertes que he conocido batallan con depresión o ansiedad.

Ten en mente que "no llorar" tampoco es una característica de fortaleza mental. Volverte más fuerte en términos mentales no implica reprimir tus emociones o actuar como si nada te molestara. De hecho, es justo lo contrario. Se necesita de una cantidad considerable de fortaleza mental para permitirte experimentar y expresar sentimientos incómodos; cosa de la que hablaremos más a lo largo de este cuaderno de trabajo.

La fortaleza mental consta de tres partes: pensamientos, sentimientos y comportamiento, las cuales están interrelacionadas y encontrarás que cuando cambias una de ellas, las otras dos se verán alteradas. A continuación te doy un ejemplo:

- ▶ *Pensamiento*: "Nadie me va a hablar durante la fiesta"

- ▶ *Sentimiento*: Nerviosismo y tristeza

- ▶ *Comportamiento*: Se sienta en una esquina a solas y se marcha temprano

En esta escenificación, los pensamientos y predicciones negativas de un individuo con toda seguridad se convertirán en una profecía autocumplida. Lo más probable es que se comporte de una manera que garantice que nadie le hable, lo que reforzará la creencia de que no le agrada a nadie.

Sin embargo, si esa misma persona respondiera al pensamiento negativo con uno más saludable, podría alterar el resultado. Veamos otro ejemplo:

Introducción

- ▸ *Pensamiento*: "Voy a presentarme con cinco personas nuevas"
- ▸ *Sentimiento*: Nerviosismo y emoción
- ▸ *Comportamiento*: Se presenta con las personas y disfruta de una conversación amigable la velada entera

Responder a pensamientos de escasa utilidad es solo una manera de atacar un ciclo negativo como este. Hay ocasiones en que es importante tomar el control de nuestras emociones. Otras veces, puedes cambiar tu comportamiento para someter tus pensamientos negativos a prueba. Cada uno de los siguientes capítulos está lleno de ejercicios que te ayudarán a liberarte de los patrones dañinos que te mantienen estancado en tu vida. Combatiremos cada mal hábito con estrategias que cambien tu manera de pensar, de sentirte y de comportarte.

Cómo utilizar este libro

El libro original de *13 cosas…* se centra en lo que "*otros* no hacen". Pero este cuaderno de trabajo es acerca de *ti*. Para cuando lo termines, tendrás las herramientas y habilidades que necesitas para dejar atrás tus malos hábitos.

Solo para aclarar, no es que las personas mentalmente fuertes no hagan estas cosas jamás. Todos las hacemos de vez en cuando. Aprender a reconocer tus malos hábitos y las estrategias para combatirlos hará que tus hábitos saludables sean mucho más eficaces.

Paralelo a lo anterior, no es necesario que sigas el cuaderno en orden. Si hay alguna "cosa" específica con la que batallas o algo en lo que te quieras enfocar primero, siéntete en completa libertad de ir a esa sección. De todas maneras, te recomiendo que trabajes con cada capítulo en algún momento, porque cada uno contiene diferentes ejercicios de fortaleza mental que tienen utilidad en una variedad de situaciones.

Una vez que te adentres en ciertos capítulos, también es posible que te identifiques más con su contenido de lo que anticipaste. Al paso de los años, varios lectores me han dicho cosas como: "¡Jamás pensé que me importara tanto complacer a los demás hasta que leí ese capítulo!".

Además, ten en cuenta que solo porque no tienes dificultades con cierto tema en específico en la actualidad, no significa que jamás sea un problema para ti. Es fácil evitar conmiserarte de ti mismo cuando la vida va bien; no obstante, puede ser mucho más difícil evitar la trampa de la autocompasión cuando pierdes tu empleo o estás pasando por un rompimiento doloroso. Hacer el trabajo de antemano te equipará con los conocimientos y herramientas para afrontar esas situaciones difíciles.

Sin embargo, los ejercicios de fortaleza mental que encontrarás en este libro no son solo para atravesar momentos difíciles o para prepararte para ellos. Sería terrible pensar que la única razón por la que necesitas fortaleza mental es para que puedas estar preparado para lidiar con una tragedia. La fortaleza mental es esencial para ayudarte a disfrutar de los buenos tiempos. Obtenerla te ayudará a sacarle el máximo provecho a la vida.

Incluso si sientes que ya dominas una habilidad, afianzar lo que ya sabes no te hará daño. Quizás te resulte útil reflexionar acerca de las cosas que estás haciendo bien para ayudarte a aumentar tu confianza. También es posible que reconozcas oportunidades para aplicar las habilidades que ya tienes a nuevas áreas de tu vida.

En cada capítulo encontrarás:

▶ *Historias de éxito*: Escucharás cómo lectores verdaderos se han fortalecido, así como historias reales de mi consulta acerca de individuos que se esforzaron por desarrollar su fortaleza mental.

▶ *Pruebas rápidas*: Estas pruebas te ayudarán a identificar hábitos dañinos que te están robando fortaleza mental, las razones por las que caes en los mismos y lo que puedes hacer de manera diferente.

▶ *Preguntas de reflexión*: A lo largo del libro, encontrarás preguntas que te ayudarán a comprenderte mejor y los pasos que puedes tomar para crear cambios positivos. Es posible que te veas tentado a saltártelas o a responderlas solo en tu cabeza. No lo hagas. Escribir tus pensamientos es una manera poderosa de generar cambios. Así también, al escribirlos, podrás releerlos para ver el progreso que has tenido y las lecciones que aprendiste.

▶ *Ejercicios de fortaleza mental*: Cada capítulo contiene diferentes ejercicios para desarrollar tu fortaleza mental que puedes empezar a practicar ahora mismo.

▶ *La tarea para esta semana*: Cada capítulo incluye un ejercicio que puedes empezar a incorporar en tu vida cotidiana. Te explicaré cómo puedes llevarlo a cabo a lo largo de tu semana.

▸ *Plan para cambiar*: Al final de cada capítulo crearás un plan que te ayudará a desarrollar tu propia guía paso a paso para la creación de cambios duraderos.

Aunque los ejercicios son iguales a muchas de las estrategias que utilizo con mis pacientes dentro de terapia, la presente obra no es un sustituto para el tratamiento de la salud mental. No obstante, resulta evidente que la terapia individual no es fácilmente accesible para todos y, si algo nos enseñó la pandemia, es que la fortaleza mental es algo que debe preocuparnos a todos.

Leer este libro no te cambiará la vida… pero poner los ejercicios en práctica sí podría hacerlo. Depende de ti que implementes estos conocimientos. Te enseñaré cómo hacerlo para que te conviertas en la mejor y más fuerte versión de ti.

Antes de empezar, aclaremos qué es lo que esperas conseguir. ¿Qué es lo que quieres lograr por medio del desarrollo de tu fortaleza mental?

Cuando DEJÉ de autocompadecerme...

Comprendí que no represento a la víctima en mi vida. No hay nadie por encima de mí que me esté reprendiendo o castigando por tener una eterna mala suerte. Las cosas son como son y no puedo cambiarlas. Sin embargo, puedo cambiar la manera en que pienso, puedo actuar y hacer que las cosas funcionen mejor.

Enrique Vázquez (31 años, México)

Se me acabaron las excusas de por qué mi vida no estaba marchando bien. Entonces, quedé libre para hacerme cargo y mejorar las cosas.

Rachel Hamilton (38 años, Connecticut)

Empecé a disfrutar de mi vida. En vez de hundirme en mi autocompasión, tomé la iniciativa y me sentí agradecido.

Josh Fletcher (27 años, Utah)

1

No pierdas el tiempo autocompadeciéndote

Cuando me escribí esa carta original acerca de lo que las personas mentalmente fuertes no hacen, me estaba compadeciendo de mí misma. Pensaba en todas las razones por las que no debería tener que lidiar con una pérdida más en mi vida. Estaba tan ocupada tratando de convencerme de que no era capaz de lidiar con otro duelo, que no estaba trabajando en mí.

Y esa es la razón por la que "no te autocompadezcas" es lo primero en la lista; era la *cosa* con la que más problemas estaba teniendo en ese momento.

Muchos lectores me han comentado que el capítulo tocó una fibra sensible en ellos. Algunos me dijeron que habían desarrollado un patrón vitalicio de autocompadecerse, mientras que otros dijeron que pensaban que compadecerse de uno mismo era una respuesta natural al dolor emocional. Uno de mis lectores me escribió y me dijo: "Por mucho tiempo, sentí que debía asegurarme de que mi vida fuera miserable. Era la única forma en la que podía justificar mi adicción. Necesitaba crear una 'mala vida' para que pudiera tener una excusa para necesitar beber de nuevo".

Otros lectores me expresaron cierto enojo ante la sugerencia de que la autocompasión sea voluntaria. Algunos de ellos no comprenden la diferencia entre la tristeza y la autocompasión. Otros creen que sus sentimientos están justificados, al menos hasta que deciden confrontarlos. Comprendo de dónde proviene esta frustración. Después de todo, hay veces en que no es solo que percibamos que nuestra vida es difícil. ¡La vida es difícil en realidad! Hablaremos al respecto más adelante, pero sin importar lo mal que estén las cosas, te prometo que la autocompasión solo empeorará la situación.

¿CÓMO ES QUE TE COMPADECES DE TI?

Hay ocasiones en que todos nos autocompadecemos, pero lo hacemos por diferentes razones y en distintas maneras. En este capítulo hablaremos de cómo reconocer cuando estés cayendo en la trampa de la autocompasión y las estrategias que pueden serte de ayuda. Pero primero, empecemos por analizar las formas en que podrías estar compadeciéndote de ti mismo. Coloca una palomita junto a las afirmaciones que sientas que te describen.

- ○ Evito mis problemas en lugar de afrontarlos.
- ○ Me quejo con personas que no tienen la capacidad para resolver el problema.
- ○ Insisto en que mis problemas son peores que los de todos los demás.

No pierdas el tiempo autocompadeciéndote

- ○ Cuando la gente me ofrece soluciones, insisto en que estas no funcionarán para mí sin siquiera intentarlas.
- ○ No me molesto con tratar de cambiar mi vida porque supongo de antemano que nada va a funcionar.
- ○ Me digo que conmiserarme es justificable porque mi vida es terrible.
- ○ Me siento a pensar en mis problemas en lugar de llevar a cabo alguna acción.
- ○ Siento desesperanza e impotencia.

¿En qué momentos sientes autocompasión? Describe las circunstancias.

¿Cuáles son algunos de los pensamientos que tuviste durante ese tiempo?

¿Cómo es que la autocompasión afectó tu comportamiento? ¿Qué hiciste?

SENTIR TRISTEZA VS. SENTIR AUTOCOMPASIÓN

La autocompasión (que es lo mismo que sentir lástima por ti mismo) es distinta a la tristeza.

La tristeza puede ayudarte a honrar algo que es importante y que extrañas dentro de tu vida: un ser querido, un trabajo o una actividad, por ejemplo. También te puede ayudar a honrar un sueño del que te hayas desprendido, como la vida que pensabas que tendrías.

Sin embargo, sentir lástima por ti mismo puede hacer que te quedes estancado en un estado de infelicidad. Implica centrarte en la injusticia de la situación. Exagera tu mala fortuna y te impide tomar medidas positivas.

A continuación enlisto algunos ejemplos de los diferentes tipos de ideas que tienes cuando te estás sintiendo triste y cuando sientes autocompasión:

No pierdas el tiempo autocompadeciéndote

TRISTEZA	AUTOCOMPASIÓN
Sería agradable tener a alguien con quien pasar el rato esta noche.	No le caigo bien a nadie. Todo el resto del mundo tiene amigos y cosas divertidas que hacer. Siempre me dejan fuera.
Me entristece que no pudiera conseguir el empleo.	Jamás conseguiré un mejor trabajo. Me voy a quedar estancado en este mismo puesto por siempre y para siempre.
Ahora que me voy a divorciar, mi estilo de vida va a cambiar.	Jamás voy a poder superar el divorcio en términos económicos. Mi vida está arruinada.

¿En qué momento experimentaste una sana tristeza (aunque fuera doloroso)?

¿Cuáles son algunos de los pensamientos que tuviste cuando sentiste esa sana tristeza?

<u>¿Qué hiciste para atender tus sentimientos de tristeza?
¿Cuándo sientes lástima por ti?</u>

¿CUÁNDO SIENTES LÁSTIMA POR TI?

> *Me encontré con una importante obligación económica personal que me negué a dejar de lado. "Pedí prestado ese dinero. Lo voy a pagar, sin importar lo difícil que sea". Simplemente es quien soy. Pasé algún tiempo sintiendo lástima de mí mismo de vez en cuando. Aunque no desperdicié mucho tiempo haciéndolo, pronto me di cuenta de que pude, y debí, invertir ese tiempo en buscar soluciones, ya fuera aumentando mis ingresos o reduciendo mis obligaciones... o ambas, de manera ideal.*
>
> Dan Durishan
> (63 años, Delaware)

Todos tenemos distintos disparadores que conducen a la autocompasión. Mientras que una persona podría sentir lástima por sí misma porque no le agrada su trabajo, otra podría tener una fiesta de autocompasión al experimentar algún rechazo social. ¿Qué sucesos o circunstancias son los que más probablemente hagan que te conmiseres de ti mismo?

No pierdas el tiempo autocompadeciéndote

- ○ Cuando me rechazan por algo en mi vida profesional.
- ○ Cuando me siento solo.
- ○ Cuando me enfrento con un obstáculo inesperado.
- ○ Cuando otras personas hablan de su buena suerte.
- ○ Cuando me siento decepcionado.
- ○ Cuando fracaso en algo.
- ○ Cuando me siento herido.
- ○ Cuando me rechaza algún interés romántico.
- ○ _____

MIS SEÑALES DE ADVERTENCIA

Es posible que de vez en cuando te autocompadezcas sin que te des cuenta de ello. La autocompasión puede tomarte desprevenido poco a poco. O tal vez parezca justificada en el momento, por lo que resulta difícil de reconocer.

Por eso es importante que reconozcas tus señales personales de advertencia de que estás sintiendo lástima por ti. ¿Cuál de estas cosas es probable que lleves a cabo cuando organices una fiesta de autocompasión?

- ○ Quejarme con una multitud de personas.
- ○ Maratonear programas de televisión.
- ○ Perder el tiempo jugueteando con mi teléfono.

13 cosas que las personas mentalmente fuertes no hacen

○ Aislarme de los demás.

○ Pensar en la injusticia de mi situación.

○ Insistir en que nadie me comprende.

○ Rechazar actividades saludables.

○ Recurrir a habilidades de afrontamiento poco sanas (como comida, alcohol o redes sociales).

○ _____.

> *Descubrí que sentir lástima por mí mismo me distraía de lo que está PRESENTE en mi vida. Me autocompadecía y eso impedía que avanzara... que encontrara una solución... que tuviera una mentalidad de "¿cómo...?" y no de "¿por qué yo?".*
>
> STEVE GONZÁLEZ (57 años, Pensilvania)

LA HISTORIA DE ANNA

Anna inició su terapia diciendo que necesitaba ayuda para reducir el estrés en su vida. Dijo que se sentía motivada a crear algunos cambios importantes. Sin embargo, en cada cita subsiguiente, no quería hablar acerca de nada de lo que pudiera hacer de manera diferente. En lugar de ello, solo quería hablar de todas las cosas malas que le habían pasado la semana anterior.

Este también parecía ser un tema común en sus patrones de comunicación fuera del consultorio. Hablaba de malas noticias siempre que podía.

No pierdas el tiempo autocompadeciéndote

Todos los días les enviaba mensajes de texto a sus amigas para decirles cosas como: "¡No vas a creer lo mal que me fue hoy!". Después, listaba todo lo que había salido mal, como el que un cliente le gritara o que hubiera tenido que esperar 20 minutos para conseguir transporte. Jamás les contaba que le hubiera sucedido algo bueno.

Parte de su tarea consistía en que registrara sus comunicaciones para buscar patrones. Después de apenas un par de semanas, se percató de que sentía algún tipo de placer perverso al compartir las malas noticias porque eso le brindaba la excusa para lamentarse por sí misma. También se dio cuenta de que, en esencia, estaba invitando a sus amigas a que la acompañaran en su fiesta de autocompasión al anunciarles sus infortunios diarios. Esperaba que al decirles lo terribles que eran las cosas, tendría atención y conmiseración y le darían su bendición para que no creara ningún tipo de cambio positivo en su vida.

A través de la psicoterapia, descubrió que en secreto esperaba que las demás personas confirmaran su decisión de seguir estancada. Dijo: "No quiero consejos ni tampoco apoyo. Más bien, quiero que la gente reconozca que tuve mala suerte y que no debería esperarse que haga gran cosa con mi vida". Hacer una lista de "malas noticias" fortalecía su creencia de que no debería esforzarse por trabajar en nada porque, de todas maneras, siempre parecían sucederle "cosas malas". Sin duda había tenido que soportar momentos malos en su vida, pero no estaba destinada a seguir sufriendo.

A través de la terapia reconoció que la autocompasión también tenía un lado negativo. Les resultaba "deprimente" a sus amistades y sabía que, sin lugar a dudas, no estaba viviendo lo mejor posible.

Uno de los muchos ejercicios con los que trabajamos en terapia tuvo que ver con la gratitud. Empezó a buscar cosas buenas en su vida y a practicar hablar de los aspectos positivos. Al principio, se sintió un poco incómoda. Sentía que estaba presumiendo cuando compartía las cosas buenas que le pasaban, pero al paso del tiempo se percató de que hablar de las cosas buenas en su vida le levantaba el ánimo e inspiraba conversaciones más sanas.

También nos esforzamos por cambiar el pensamiento GRIS por pensamiento verdadero; un ejercicio que aprenderás a hacer en breve. Esto la ayudó a reconocer que a menudo se convencía de que ciertos inconvenientes insignificantes eran importantes obstáculos en su vida. Aprendió a responderles a sus pensamientos negativos de escasa utilidad para así poder sentirse un poco mejor.

En nuestra última sesión juntas, me dijo: "Solía tenerle miedo a enfrentarme a los desafíos. Me sentía más segura diciéndome que no había nada que pudiera hacer respecto a mis problemas. Temía que, si trataba de mejorar las cosas, podría fracasar y que, si fracasaba, me sentiría todavía peor".

También se dio cuenta de que se necesitaba bastante vulnerabilidad para compartir noticias buenas con sus amistades. Tenía miedo de que alguien pudiera burlarse si decía que quizás trataría de conseguir un ascenso o que pensaba iniciar un nuevo pasatiempo. Se sentía más cómoda compartiendo las malas noticias. Sin embargo, para el final de su terapia, logró mostrarse vulnerable, compartir buenas noticias y obtener un sano apoyo emocional cuando tenía problemas.

No pierdas el tiempo autocompadeciéndote

EJERCICIOS DE FORTALEZA MENTAL

Para que dejes de autocompadecerte, tienes que cambiar los pensamientos y las acciones que le dan energía a esa autocompasión. A continuación te comparto algunos ejercicios de fortaleza mental que pueden ser de ayuda para liberarte de ese ciclo.

Convierte cada pensamiento GRIS en un pensamiento verdadero

Los pensamientos que pasan por tu cabeza no son hechos. Tu cerebro te miente. Llenará tu cabeza con ideas irracionales, poco provechosas y exageradamente negativas. Por fortuna, no tienes que creer en todo lo que piensas. No puedes evitar que aparezca algún pensamiento GRIS. Sin embargo, puedes elegir responder a él con afirmaciones más realistas. Así que la siguiente vez que sientas que estás cayendo en la trampa de la autocompasión, responde a tus pensamientos con afirmaciones más saludables.

Una excelente manera de reconocer los pensamientos poco útiles que le dan fuerza a la autocompasión es el uso del acrónimo GRIS. Un pensamiento GRIS es demasiado negativo como para ser verdadero. Cuando te encuentres reflexionando acerca de un pensamiento GRIS, responde con un pensamiento verdadero. GRIS significa:

> ▸ **Girar las cosas.** Aunque no tiene nada de malo responsabilizar a otros por su participación en los problemas, no asumir tu propia responsabilidad te coloca en el papel de víctima.

- **Rebuscar malas noticias.** Si suceden nueve cosas buenas y una mala a lo largo del día, centrarte en la mala puede aumentar tu autocompasión.

- **Imaginar lo peor.** Predecir resultados funestos o insistir en lo peor que podría pasar es una pérdida de tiempo y evita que actúes de manera positiva.

- **Sobrestimar el desastre.** Exagerar en cuanto a lo terrible que es algo solo te hará sentir peor.

Cuando sientas lástima por ti mismo, tu mente te contará mentiras que aumenten tu sentimiento de autocompasión todavía más. Una manera de romper ese ciclo consiste en cambiar lo que estás pensando. Responde a cada pensamiento gris con uno verdadero.

TIPO DE PENSAMIENTO	PENSAMIENTO GRIS	PENSAMIENTO VERDADERO
Girar las cosas	Nadie hace lo que le corresponde en este lugar.	Habrá días en que algunas personas hagan menos que otras.
Rebuscar malas noticias	El concierto estuvo de lo peor. ¡Tuvimos que esperar una eternidad en la fila!	Tener que esperar en la fila valió la pena. El concierto estuvo increíble.
Imaginar lo peor	Jamás terminaré de pagar mi deuda.	Puedo crear un plan para salir de esta deuda poco a poco.
Sobrestimar el desastre	Todo el mundo detestó mi presentación de hoy.	Es posible que mi presentación le haya servido a alguien.

No pierdas el tiempo autocompadeciéndote

Ahora, tómate un minuto para revisar cada pensamiento gris a continuación y crea un pensamiento verdadero con el que podrías responder.

TIPO DE PENSAMIENTO	PENSAMIENTO GRIS	PENSAMIENTO VERDADERO
Girar las cosas	Nadie hace nada en este equipo.	
Rebuscar malas noticias	Metí la pata en una de las preguntas de la entrevista.	
Imaginar lo peor	Nadie va a contratarme jamás.	
Sobrestimar el desastre	Quedé de lo peor en mi primera cita con esa persona.	

Describe un pensamiento gris reciente que hayas tenido.

Piensa en un pensamiento verdadero con el que podrías responder.

Practica la aceptación radical

Pasé mi primera pasantía universitaria como trabajadora social en la unidad de diálisis de un hospital. La diálisis ayuda a las personas que tienen insuficiencia renal. Como sus riñones ya no pueden filtrar el desecho de su sangre, es necesario filtrarla con una máquina durante tres o cinco horas, tres días por semana.

Mi trabajo involucraba ayudar a los pacientes a conseguir que los transportaran a sus citas, tramitarles incapacidades si ya no podían trabajar, asistirlos en acceder a recursos que los ayudaran a mantenerse lo más sanos posible y ofrecerles apoyo emocional.

Algunos de los pacientes jamás faltaban a su cita de diálisis. Los que asistían a cada sesión sin falta traían cosas que hacer durante la cita. Se sentaban en sus sillones reclinables y tejían, veían películas o leían.

Sin embargo, otros pacientes faltaban a muchas de sus citas. Algunos de ellos estaban en negación en cuanto a que necesitaban de la diálisis. Se saltaban varias citas seguidas y entonces se enfermaban gravemente. Otros faltaban cuando sus actividades interferían con las citas, como si tenían oportunidad de visitar a sus amigos o trabajar tiempo extra. Los pacientes que no seguían su régimen de tratamiento como debían a menudo se enfrentaban a complicaciones que amenazaban sus vidas.

La diferencia entre aquellos que acataban el tratamiento y los que no era su disposición a aceptar la enfermedad y el tratamiento al que tenían que someterse para salvar su vida. Claro que no es nada fácil acudir al hospital tres veces por semana; sin embargo, las personas que lo hacían como

No pierdas el tiempo autocompadeciéndote

si fuera un trabajo, tenían mucho éxito con el tratamiento. Aceptaban que eso era lo que tenían que hacer para permanecer sanos. Aunque no les agradaba ir a diálisis, aceptaban que, por el momento, era la mejor opción que tenían. La aceptación radical los ayudaba a experimentar la mejor versión de sus vidas.

No obstante, no puedes practicar la aceptación radical cuando estás ahogándote en la autocompasión. Sentir lástima por ti puede derivarse de la frustración que sientes por la injusticia de la situación a la que te estás enfrentando. Después de todo, quizás no te parezca justo que les pasen cosas malas a las personas buenas como tú. O tal vez no te parezca justo que tengas más desafíos de los que te corresponden.

Pero tratar de resistirte ante la realidad es un desperdicio de tiempo y de energía. Esa es la razón por la que te puede ayudar la aceptación radical. Es un ejercicio para aceptar las cosas como son en un momento dado, sean justas o no.

Eso no significa que no puedas hacer nada al respecto. Si un médico te da un diagnóstico con el que no coincides, puedes aceptar que el médico cree que el diagnóstico es correcto al tiempo que buscas una segunda opinión.

La aceptación radical elimina juicios y se atiene a los hechos. Evita que nos resistamos a la verdad.

A continuación verás algunos ejemplos de la manera en que podrías responder a un pensamiento resistente por medio de la aceptación radical. Trata de llenar las casillas vacías.

PENSAMIENTO RESISTENTE	ACEPTACIÓN RADICAL
¿Por qué siempre quedo atrapado en el tráfico? La gente debería prestar más atención a donde se dirige y manejar a toda velocidad para que no nos obliguen a los demás a avanzar a vuelta de rueda por una eternidad.	A diario, hay millones de coches en las calles. Es evidente que tendrá que haber tráfico de vez en cuando.
No es justo que mi mamá tenga un problema de salud tras otro. Tiene pésima suerte. Ningún estudio encuentra nada malo con ella jamás y sus médicos no sirven para nada.	Mi mamá se está sometiendo a otro análisis médico para ver si podemos averiguar lo que está sucediendo con su salud.
¡Este año nos merecíamos un aumento de sueldo! La empresa necesita pagarnos más y no es justo que no les paguen más dinero a todos.	
Mi hermano no debería iniciar una nueva relación en este momento. Necesita centrarse en sí mismo y organizarse ya.	

¿Ha habido alguna ocasión en la que hayas practicado la aceptación radical?

No pierdas el tiempo autocompadeciéndote

¿Qué está sucediendo en tu vida en este momento que te cuesta trabajo aceptar?

¿Cuáles serían algunos de los pensamientos resistentes que tienes en torno a la situación?

¿Qué podrías decirte para empezar a aceptar la situación tal y como es?

Incorpora más gratitud en tu vida

> *Dejé de autocompadecerme enfocándome en la gratitud.*
>
> Deborah Gish
> (59 años, Misuri)

Además de alejar la autocompasión, investigaciones han demostrado que la gratitud aumenta la felicidad, mejora la salud mental y física, y puede ayudarte a dormir mejor. Las personas agradecidas tienden a vivir más tiempo. Hay muchas maneras diferentes de incorporar una mayor gratitud en tu vida. Solo se necesitan algunos minutos de tu tiempo y no cuesta nada, aunque puede tener enormes beneficios.

A continuación te comparto algunas ideas para practicar la gratitud:

- ▸ *Escribe un diario de agradecimientos.* Día con día, escribe tres cosas por las que te sientes agradecido.

- ▸ *Crea un frasco de agradecimientos.* Todos los días, escribe algo que agradeces en una tira de papel y colócala al interior de un frasco. Al final del año, lee todas las tiras de papel para que recuerdes todas las cosas buenas que sucedieron en tu vida.

- ▸ *Crea un tablero de agradecimientos.* Escribe las cosas por las que te sientes agradecido en trozos de papel y fíjalos a un tablero que tengas a la vista.

- ▸ *Establece un ritual de agradecimiento.* Un ritual diario, como pasar alrededor de la mesa del comedor para que cada persona exprese aquello por lo que da las gracias o enviarle a tu pareja un mensaje de texto donde le dices qué agradeces durante la hora de tu almuerzo, puede ayudarte a hacer que la gratitud forme parte de tu vida cotidiana.

¿Qué puedes empezar a hacer ahora mismo para incorporar una mayor gratitud a tu vida?

Experimenta la gratitud

La autocompasión es pensar: "Merezco más". La gratitud implica pensar: "Tengo más de lo que merezco".

Sin embargo, hay ocasiones en que la gratitud puede sentirse más como un esfuerzo que como un agradecimiento sincero, como cuando tienes que escribir toda una pila de tarjetas para agradecer por algo. De modo que, aunque puede ser de utilidad incorporar prácticas de gratitud en tu rutina diaria, es posible que desees cambiar un poco la forma en que piensas si dichas prácticas empiezan a volverse algo fastidiosas.

Esta es una estrategia de provecho para experimentar un verdadero agradecimiento: en lugar de pensar en lo agradecido que estás porque alguien te compró un regalo o porque pasó un tiempo ayudándote con algo, piensa en cómo te sientes respecto a esa persona. Imagina a la persona yendo de compras para conseguirte el regalo. ¿Qué se siente saber que esa persona dedicó su tiempo para buscar un regalo que pensó que disfrutarías? ¿O qué se siente pensar en que alguien se tomó un tiempo de su día para ayudarte con algo?

Pensar acerca de la gratitud en esos términos puede evocar un verdadero agradecimiento por las personas que tienes en tu vida.

¿Cuándo fue que alguien en tu vida hizo algo amable por ti o te dio algo?

¿Qué emociones experimentas cuando piensas en esa persona y en lo que hizo por ti?

¿Qué cosas te gustaría decirle a esa persona acerca de lo que sientes por ella?

No pierdas el tiempo autocompadeciéndote

Haz algo que casi haga imposible que te compadezcas de ti mismo

Quedarte en cama, aislarte de los demás y quejarte son solo algunos de los comportamientos que alientan la autocompasión. Por fortuna, hay pasos que puedes tomar que hacen mucho más difícil que sientas lástima por ti mismo.

Es posible que tengas que obligarte a hacer cosas que no quieres, como reunirte con un amigo para hablar de cosas agradables, pero es importante que te retes a hacer algo que ayude a liberarte.

¿Qué puedes hacer cuando te encuentres autocompadeciéndote?

- ◯ Haz algo amable por alguien más.
- ◯ Visita a un amigo o a un miembro de tu familia.
- ◯ Comparte cosas positivas en redes sociales.
- ◯ Cumple con algo en tu lista de pendientes.
- ◯ Ofrécete como voluntario para ayudar a otros.
- ◯ Ejercítate.
- ◯ Lee un libro.
- ◯ _____
  _____
  _____.

13 cosas que las personas mentalmente fuertes no hacen

Prevén la autocompasión

Es posible que haya ocasiones en tu vida en las que puedas predecir que es probable que sientas lástima por ti mismo. Quizás batallas con la autocompasión cada vez que se avecinan las fiestas. O tal vez sientas autocompasión cuando llega el invierno y no puedes hacer muchas de las actividades que disfrutas. En esos casos, hay medidas preventivas que te pueden ayudar a detener la autocompasión de golpe.

En *13 cosas que las personas mentalmente fuertes no hacen* comparto un ejemplo de cómo hago esto en mi propia vida. En el cumpleaños de mi fallecido esposo, su familia y yo nos lanzamos a una aventura año con año. Nuestras aventuras incluyen cosas como saltar en paracaídas, nadar con tiburones, bajar por una tirolesa, explorar el Gran Cañón en mulas e, incluso, tomar clases de trapecio. Sea la que sea la aventura, reunirnos y hacer algo fuera de lo común ha sido una manera fantástica de evitar tenernos lástima en un día por demás difícil.

Si hay una fecha o época del año en la que se te facilite autocompadecerte, encuentra alguna manera de evitar que caigas en esa trampa. No es necesario que saltes de un avión. Cualquier cosa, desde programar una cena con tus amigos hasta ofrecerte como voluntario para ayudar a alguna buena causa, te podrá ayudar a sentirte mejor.

¿Cuál es un momento futuro en que podrías verte tentado a autocompadecerte?

No pierdas el tiempo autocompadeciéndote

¿Qué puedes hacer para prevenir la autocompasión?

LA TAREA PARA ESTA SEMANA

Expresa tu gratitud genuina a una persona diferente cada día de esta semana. Háblale a tu abuelita para decirle lo mucho que agradeces que leyera cuentos contigo cuando eras pequeño, tómate un café con una amistad que haya hecho una diferencia en tu vida y dile lo mucho que quieres darle las gracias, o dile a algún miembro de tu familia lo mucho que aprecias que te ayudara a superar momentos difíciles de tu vida.

Crea un plan para dejar de autocompadecerte

¿Qué cosas puedes hacer para sentirte mal sin caer en la autocompasión?

○ Investigar acerca de habilidades de afrontamiento sanas cuando me sienta triste.

- ◯ Reformular pensamientos poco útiles que despierten sentimientos de autocompasión.
- ◯ Negarme a invitar a otras personas a mis fiestas de autocompasión.
- ◯ Hacer cosas que hagan imposible que sienta lástima por mí.
- ◯ Resistir la tentación de quejarme en un intento por despertar la conmiseración de otros.
- ◯ Practicar la aceptación radical.
- ◯ Incorporar rituales de agradecimiento en mi día a día.
- ◯ _____.

Ahora, identifiquemos algunos pasos claros que puedes empezar a tomar de inmediato. Algunos tendrán la intención de ayudar a protegerte de la autocompasión, mientras que otros quizás sean estrategias que puedas utilizar si empiezas a sentir lástima por ti mismo. A continuación enlisto algunos ejemplos:

- ◯ Cuando alguien no acepte mi invitación a hacer algo divertido, invitaré a otra persona.
- ◯ Cuando me rechacen para algo, me comprometeré a intentarlo de nuevo.
- ◯ Cuando alguien me trate de manera poco amable, yo haré algo agradable por alguien más.
- ◯ Cuando alguien se niegue a hacerme un favor, le pediré ayuda a otra persona.

No pierdas el tiempo autocompadeciéndote

○ Cuando me sienta impotente, encontraré algo que pueda hacer para ayudar a otra persona.

○ Cuando empiece a pensar que mi vida nunca va a mejorar, me ofreceré como voluntario o haré algo que ayude a que el mundo sea un mejor lugar.

Piensa en un solo paso que puedas tomar para dejar de perder el tiempo autocompadeciéndote.

¿Qué notarás de ti mismo una vez que dejes de perder el tiempo autocompadeciéndote?

¿Cómo cambiará tu vida?

Cuando **DEJÉ** de regalar mi poder...

Me sentí vigorizada y empoderada al darme cuenta de que hay muchas cosas de las que sí estoy a cargo y de que puedo hacer un cambio positivo para mi trabajo.

TESS NAAIJKENS (48 años, España)

Me percaté de lo poderosa que soy. Me llena de energía ver lo mucho que puedo hacer cuando reservo ese poder para mí misma.

NIKKI WALKER (43 años, Nevada)

Dejé de creer en la opinión que todos los demás tenían de mí y empecé a escucharme a mí mismo.

KENNY AUSTIN (31 años, Nueva Jersey)

2

No regales tu poder

De todas las 13 cosas, "no regales tu poder" es la más trascendente para los lectores. Es frecuente que reciba mensajes que dicen: "Jamás me di cuenta de que les estaba dando poder sobre mi vida a tantísimas personas". Estos mensajes son de individuos que proceden de todos los ámbitos de la vida.

En una ocasión di una conferencia en Washington, D. C. frente a un auditorio lleno de funcionarios de alto nivel nombrados por el presidente. Después de mi ponencia, un hombre alto vestido de traje se acercó a mí y me dijo: "Le he estado regalando mi poder a mi suegra durante mucho tiempo. Quiero cambiar eso". Resulta más que evidente que, sin importar lo poderoso que puedas ser en un área de tu vida, podrías seguir regalando tu poder en otra.

No puedes crear la mejor versión de tu vida hasta que no asumas la responsabilidad total de tus pensamientos, sentimientos y acciones. Sin embargo, antes de que logres hacerlo, tienes que dejar de regalarles ese poder a los demás.

¿CÓMO REGALAS TU PODER?

En este capítulo discutiremos algunas maneras sutiles (y no tan sutiles) en las que podrías estar regalando tu poder y los pasos que puedes tomar para empoderarte. Antes de que lo hagamos, tómate un minuto para analizar la siguiente lista y coloca una palomita junto a cada una de las afirmaciones que pienses que podrían describirte.

- ○ Les doy a otros el poder de evocar en mí reacciones que no me agradan, como levantar la voz.
- ○ Les doy a otros el poder de arruinarme el día.
- ○ Los elogios y las críticas tienen un enorme impacto en la manera en que pienso de mí.
- ○ Cambio mi comportamiento dependiendo de las personas que están a mi alrededor.
- ○ Culpo a los demás por hacerme perder mi tiempo.
- ○ Me siento obligado a aceptar invitaciones.
- ○ Culpo a las personas por aprovecharse de mí.
- ○ Solo estoy bien si los demás a mi alrededor están bien.
- ○ A menudo, mi mente está ocupada con pensamientos acerca de personas que no me agradan.
- ○ Paso mucho tiempo rumiando acerca de situaciones desagradables o contemplando las cosas que no quiero hacer con enorme desagrado.
- ○ A menudo responsabilizo a los demás por *hacerme* sentir de cierta manera.

Es posible que te percates de que solo les regalas tu poder a ciertas personas o en circunstancias específicas. O quizás te des cuenta de que regalas tu poder a diario. En cualquiera de ambos casos, hay pasos que puedes tomar para empoderarte y recuperar tu fortaleza mental.

¿Cuáles son algunas maneras específicas en las que podrías estar regalando tu poder? No te preocupes si todavía no te resulta del todo claro. Solo haz tu mejor esfuerzo por escribirlo.

A continuación te muestro con detalle cómo identificar las maneras exactas en las que podrías estar regalando tu poder.

REGALAR TU PODER VS. EMPODERARTE

Hay muchas maneras en las que podrías estar dándole poder sobre tus pensamientos, sentimientos y comportamientos a alguien más.

En ocasiones, esto implica estar cerca de las personas en un sentido físico, como cuando

> *En definitiva, las personas a las que les importo tan poco no deberían controlar ninguno de mis pensamientos o emociones.*
>
> DAVE
> (59 años, Michigan)

asistes a un evento familiar al que no quieres ir solo porque quieres evitar que tu madre te haga sentir culpable de faltar. En este caso, le estás dando poder sobre tu comportamiento a tu madre.

En otras ocasiones, es posible que le des poder a alguien incluso sin que haya contacto físico. Por ejemplo, imaginemos que alguien te hirió hace ya 10 años. Es posible que sigas pasando mucho tiempo pensando en esa persona, lo que le permite ocupar un espacio enorme dentro de tu vida. A esa persona le estás dando poder sobre tus pensamientos y tu tiempo.

También es posible que le des poder a alguien sobre tus sentimientos. Si alguien dice algo que no te agrada y pasas el día entero sintiéndote enojado, le diste poder sobre tu estado emocional.

No existe una respuesta para toda ocasión en cuanto a cómo empoderarte. En algunos casos, podría implicar que hables con alguien cuya conducta no aprecias. Sin embargo, habrá ocasiones en que empoderarte signifique alejarte de una conversación para que dejes de perder tu tiempo y energía al enredarte en una acalorada discusión.

Empoderarte podría implicar decir que no a algunas cosas que no desees hacer. No obstante, habrá muchas situaciones en que elijas hacer cosas que no te emocionen, como ayudar a un amigo a mudarse, porque eso es parte de lo que significa ser un buen amigo. Todo tiene que ver con tu capacidad para reconocer que lo que estás haciendo es decisión tuya.

No regales tu poder

REGALAR TU PODER	EMPODERARTE
Guardar algún rencor.	Elegir dejar ir tu enojo.
Tratar a alguien "con pinzas".	Permitir que alguien sea responsable de sus propios sentimientos.
Esperar a alguien para llevar a cabo alguna acción.	Llevar a cabo la acción por ti mismo.
Ceder ante alguien por culpa.	Mantenerte firme en tu negativa.

¿A quién le estás regalando tu poder?

Para ayudarte a empezar a averiguar a quién le regalas tu poder, responde las siguientes preguntas.

¿A quién detestas ver?	
¿En quién piensas con frecuencia aunque no quieras hacerlo?	
¿Quién saca lo peor de ti?	
¿Con quién pierdes los estribos?	
¿A quién culpas porque te hace perder el tiempo?	

¿Qué patrones observas en los nombres anteriores? ¿Sueles regalarles tu poder a tus amigos? ¿A los miembros de tu familia? ¿Aparece el mismo nombre una y otra vez?

¿Cómo estás regalando tu poder?

Ahora que ya empezaste a pensar sobre *quiénes* son las personas a las que les regalas tu poder, hablemos sobre las *maneras* en que quizás estés permitiendo que otros tengan una influencia negativa en la manera en que piensas, te sientes y te comportas.

En algunos casos, podría ser que haya alguien que afecte lo que piensas de manera primordial. Tal vez desperdicies horas de tu vida dándole vueltas a algo que te dijeron. También es posible que haya veces en que experimentes mucha ansiedad cuando estés con alguien, lo que significa que les estás dando poder sobre la manera en que te sientes. Y, en otras ocasiones, podrías darle a alguien poder sobre tu comportamiento al ceder a elecciones poco saludables cuando estás en su compañía.

Por supuesto, habrá instancias en que tus pensamientos, comportamientos y sentimientos se vean afectados en su totalidad. Mientras más piensas en algo, peor te sientes y es probable que esos sentimientos tengan un impacto sobre las acciones que lleves a cabo (o que no hagas).

Es importante que reconozcas las diferentes maneras en que pueden cambiar tus pensamientos, sentimientos o comportamientos cuando le regalas demasiado poder a alguien en tu vida.

¿Qué cosas específicas haces para regalar tu poder?

- ⭕ Pienso en una persona más de lo que quiero.
- ⭕ Permito que alguien arruine mi estado de ánimo.

No regales tu poder

- ◯ Permito que alguien ocupe más de tiempo del que les quiero dar.
- ◯ Permito que las críticas de alguien cambien la manera en que me siento acerca de mí mismo.
- ◯ Permito que alguien me trate de manera inadecuada.
- ◯ Dejo que alguien tenga una influencia negativa sobre mis hábitos (por ejemplo, porque gasto demasiado dinero o porque bebo más de lo que quiero).
- ◯ _____.
- ◯ _____.

Da un ejemplo de una ocasión en que le diste a alguien poder sobre tus pensamientos.

Da un ejemplo de una vez en que le diste a alguien poder sobre tus emociones.

13 cosas que las personas mentalmente fuertes no hacen

Da un ejemplo de alguna instancia en que le diste a alguien poder sobre tu comportamiento.

La razón por la que regalas tu poder

No podrás cambiar tu comportamiento hasta que reconozcas la razón por la que lo estás haciendo. Hay muchas razones por las que podrías regalarle tu poder a alguna persona. Para ayudarte a averiguar cuál es el motivo por el que regalas tu poder, analiza cuántas de estas afirmaciones te parece que pudieran describirte.

- ○ Me da miedo angustiar a alguien.
- ○ En realidad no sé quién soy, de modo que creo lo que los demás dicen de mí.
- ○ Me juzgo de acuerdo con la manera en que otros se sienten hacia mí.
- ○ No sé cómo defenderme.
- ○ Siento ansiedad al establecer límites o al decirle que no a alguna persona.
- ○ Temo que la gente pueda abandonarme si hago lo que es mejor para mí.

No regales tu poder

- ○ No quiero parecer egoísta.
- ○ Me da miedo herir los sentimientos de alguien.
- ○ Percibo las emociones de todos a mi alrededor.
- ○ Detesto las confrontaciones.
- ○ _____.

A menudo, regalar tu poder empieza con algo pequeño. Quizás regales un atisbo de poder sobre tu vida a alguien en una ocasión, pero sigues regalándole más y más a diario hasta que termina teniendo mucho poder sobre la manera en que piensas, te sientes y te comportas.

> *Esto me enseñó a no regalar mi poder de tal manera que nadie pueda arruinar mi día o mis emociones. Mi felicidad depende de mí y únicamente de mí.*
>
> NANCY KATANA (40 años, Kenia)

LA HISTORIA DE BRIAN

Hay veces en que les regalamos nuestro poder a personas que no nos agradan. Sin embargo, hay otras en que les regalamos nuestro poder a las personas que en verdad amamos.

Este fue el caso de mi paciente Brian. Él era mucho más reservado que su apasionada novia. Se sentía confundido cuando ella levantaba la voz, se marchaba de manera intempestiva o, en ocasiones, amenazaba con finalizar su relación.

Cuando Brian decía algo que no le gustaba, ella se iba. De camino a la puerta, decía cosas como: "¡Algún día me apreciarás!".

En el instante en que azotaba la puerta, la ansiedad de Brian se desbordaba. Pasaba las horas siguientes enviándole mensajes de texto de manera incesante. Se disculpaba con ella (aunque la mayor parte del tiempo no tenía idea de lo que había hecho mal), le rogaba que regresara a casa y le pedía confirmación de que no habían terminado.

Por lo general, ella pasaba horas ignorándolo y, después, le respondía con mensajes vagos que lo mantenían en ascuas, como: "No puedo contestar el teléfono en este momento. Estoy ocupada pasando el rato con gente a la que de verdad le importo". Las respuestas de este tipo aumentaban la ansiedad de Brian, quien pasaba la noche entera revisando obsesivamente las redes sociales de su novia y enviándole mensajes de texto pidiéndole que regresara. Si por casualidad tenía planes, los cancelaba porque quería asegurarse de estar en casa si ella decidía regresar.

Después de algunas noches, Brian empezó a tratarla "con pinzas". Pasaba buena parte de su tiempo intentando no alterar a su novia (aunque nunca pudo averiguar del todo qué era lo que la hacía explotar).

Si ella parecía molesta, él era incapaz de funcionar. Desperdiciaba horas enteras intentando calmarla y convencerla de regresar a casa.

Mediante varias sesiones de terapia, Brian fue capaz de reconocer la razón por la que le regalaba tanto poder a su novia. Estaba aterrado de que lo abandonara. Tenía un profundo temor de no ser lo suficientemente bueno y su autoestima dependía de que su novia se quedara con él. Se sentía impotente cuando lo amenazaba con dejarlo. Comprender la razón por la que le daba tanto poder fue el primer paso para tomar las medidas que lo sanarían.

También empezó a aprender a establecer límites sanos. En ocasiones, eso significaba hablar fuerte y claro y, en otras, alejarse de comportamientos con los que no deseaba engancharse. Se esforzó en encontrar estrategias sanas para manejar su ansiedad y así dejar de enviarle múltiples mensajes a su novia cuando ella no le respondía.

Descubrió que cambiar su comportamiento alteró su relación. En terapia nos gusta decir que las relaciones son como un baile. Cuando tú cambias los pasos que usas, tu pareja cambia los suyos.

A medida que se modificaron las cosas dentro de la relación, Brian llegó a la conclusión de que era improbable que él y su novia fueran compatibles a largo plazo, pero empoderarse lo ayudó a sentirse confiado de su capacidad para finalizar una relación que empezó a considerar como dañina. Así que terminó con su novia, algo que jamás imaginó que sería capaz de hacer. Para el final de la terapia, creía en sí mismo y esperaba poder encontrar una relación más sana con alguien que también sintiera el mismo empoderamiento que él.

EJERCICIOS DE FORTALEZA MENTAL

Cuando empieces a enfocarte en estrategias que te empoderen, será menos probable que les regales tu poder a los demás. A continuación verás algunos de mis ejercicios favoritos de fortaleza mental que pueden ayudarte a dejar de regalar tu poder.

Cambia el lenguaje que utilizas

Tus palabras son poderosas. Pueden mostrarte como víctima o pueden empoderarte para que tomes el control de tu vida. No solo son las palabras que dices en voz alta, las que utilizas dentro de tu propia cabeza también importan.

Es común utilizar un lenguaje que implica que alguien se está robando tu poder. Ese es el lenguaje de las víctimas. Elige palabras diferentes para mostrar que estás en control de la manera en que piensas, en que te sientes, en que actúas, en que inviertes tu tiempo, y en las personas con las que eliges pasarlo. Llena las casillas vacías con un lenguaje empoderado.

MENTALIDAD DE VÍCTIMA	MENTALIDAD EMPODERADA
Mi compañero de trabajo desperdicia mi tiempo hablando acerca de su vida personal.	Puedo finalizar la conversación en el momento que quiera.
Mi hermana me hace sentir cohibida.	Yo estoy a cargo de lo que siento de mí misma.
Tengo que prestarle dinero a mi hermano para que no lo desalojen de su casa.	Yo decido si le presto dinero a mi hermano o no.
Siempre tengo que trabajar hasta tarde.	
Mi suegra nos arruina los fines de semana tranquilos.	

Ofrece algunos ejemplos de frases que utilizas y que regalan tu poder.

¿Qué frases puedes utilizar para empoderarte?

Grafica tu tiempo

> *Me despierto y me recuerdo que lo que sea que haga el día de hoy es lo que elijo hacer. Me empodera tomar el control de la forma en que paso mi tiempo y evita que culpe a otras personas por "desperdiciarlo" o por "robármelo".*
>
> Cory S.
> (33 años, Nueva York)

El tiempo es tu recurso más valioso. Siempre podrás generar más dinero, pero no puedes generar más tiempo. Una vez que ha transcurrido, ya no vuelve.

Esa es la razón por la que resulta tan importante que inviertas tu tiempo de manera sabia, y una de las formas más sencillas de regalar tu poder es dándole tu tiempo a personas o circunstancias que no merecen ese preciado recurso.

En ocasiones resulta provechoso ver a dónde se está yendo todo tu tiempo. Verlo en una gráfica te puede ayudar a reconocer personas o circunstancias donde estás desperdiciando más tiempo del que deseas. Una vez que te percates de ello, podrás tomar medidas para recuperar tu poder al mostrarte proactivo acerca de aquello en lo que inviertes tu tiempo.

Este es un ejercicio que llevé a cabo con mi paciente en terapia, Amber. Pensaba que nunca tenía el tiempo suficiente para hacer sus cosas. Pasaba buena parte de su vida sintiéndose agotada y desgastada.

Nuestro trabajo conjunto involucró estudiar todas las formas en que estaba regalando su poder, y a quién se lo estaba entregando. Con un poco de ayuda, pudo ver que las personas no la estaban privando de su poder. Ella se los estaba regalando.

Juntas, creamos una lista de personas a las que les estaba regalando su poder y la forma en que lo estaba haciendo. Esto es lo que encontró:

- *Hermana.* Me critica a mí y a las elecciones que hago. Paso mucho tiempo recordando las cosas desagradables que me dice dentro de mi cabeza y hablando acerca de ella con otras personas.

- *Exnovio.* Terminamos hace algunos meses y no hemos tenido mucho contacto desde entonces. Reviso sus cuentas en redes sociales casi todos los días y también me fijo en las de sus amigos y familiares porque quiero saber si él ya está saliendo con alguien más.

▶ *Jefa.* Es frecuente que mi jefa me asigne proyectos adicionales. Nunca alzo la voz para decirle que no tengo el tiempo para hacerlos y nunca pido ayuda. Pienso que es poco razonable y paso mucho tiempo quejándome acerca de lo mucho que detesto mi trabajo.

Esas eran las tres personas a las que les estaba permitiendo que tuvieran una influencia negativa en su vida. Deseaba darles la menor cantidad posible de su tiempo y atención; sin embargo, se dio cuenta de que les estaba dedicando más energía a ellos que a la gente cuya compañía de verdad disfrutaba. Para ver cuánto tiempo y energía les estaba dando, creamos una gráfica circular que desglosaba cómo había pasado el día anterior.

Tiempo real

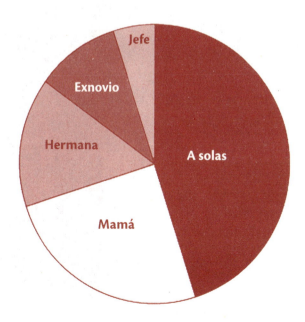

Había pasado algo de tiempo hablando con su mamá, cosa que le agradaba, y había pasado mucho tiempo a solas, lo que disfrutaba muchísimo. Pero se dio cuenta de que aunque no estaba viendo a su hermana, o a su ex, o a su jefa en sentido físico (era domingo), seguían ocupando una buena parte de su energía mental. Hablaba de ellos y pensaba en ellos mucho más de lo que quería.

De modo que creamos una administración más ideal de la manera en que le agradaría invertir su tiempo y energía. Todavía quería pasar una buena cantidad de tiempo sola y deseaba aumentar la cantidad de tiempo que invertía en su mamá (lo que significaba pasar tiempo de calidad con ella sin quejarse o hablar de la gente a quien le estaba regalando su poder). Se percató de que quería que sus amigos ocuparan un

Tiempo ideal

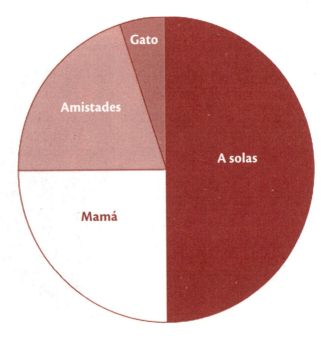

No regales tu poder

mayor espacio en su vida y pensaba que pasaría mejor su tiempo si jugaba con su gato en lugar de insistir en saber lo que estaba haciendo su ex.

Ver la diferencia entre las gráficas reforzó su decisión de generar cambios en su vida. Empezó a verificar consigo misma cómo era que estaba pasando su tiempo a diario. Siempre que se sentía tentada a quejarse acerca de su hermana, o de revisar las redes sociales de su ex, recordaba el aspecto que tenía su día ideal.

Quizás un auxiliar visual te ayude también. Utiliza el siguiente círculo para identificar quién realmente se beneficia de tu tiempo y energía. Llénalo para mostrar a las personas que reciben la mayor parte de tu tiempo y energía mental. Ten en cuenta que podrían ser las mismas personas con las que pasas tu tiempo en sentido físico. O quizás sean personas en las que piensas o acerca de quienes hablas.

Ahora, utiliza la siguiente gráfica circular para crear tu día ideal. Si fueras proactivo acerca de quién recibe tu tiempo y tu energía mental, ¿cómo lo dividirías?

Cuando veas las diferencias entre las dos gráficas, tendrás una representación visual de la gente que está abarcando más de tu tiempo de lo que te gustaría. ¿A quién le estás regalando tu poder en este momento y qué pasos quieres tomar para cambiar la situación?

Establece límites

Cuando responsabilizas a alguien de robarse tu tiempo o de aprovecharse de tu bondad, es una señal más que evidente de que necesitas establecer mejores límites en tu vida. Es posible que necesites rechazar invitaciones sociales, finalizar conversaciones o dejar de contestar el teléfono.

Los límites son las fronteras que estableces y que especifican tus expectativas de la manera en que quieres que se te trate. Algunos límites se crean con palabras; otros, con conductas.

Es posible que le digas a tu suegra que preferirías que llamara primero en lugar de aparecerse en tu casa sin previo aviso. Explicar ese límite de antemano aclarará tus expectativas.

Los límites no siempre tienen que anunciarse en voz alta. Quizás elijas retirarte de una reunión familiar en el momento en que los asistentes empiecen a beber alcohol. No necesitas avisarle a todo el mundo, ni llamar la atención al hecho de que te vas a marchar. Más bien, tus pies se comunicarán por ti en el momento en que te alejes.

¿Cuáles son algunos ejemplos de límites que ya estableciste con la gente en tu vida?

¿Cuáles son algunos nuevos límites que podrías crear para empoderarte?

LA TAREA PARA ESTA SEMANA

Mantén un registro de cualquier persona a la que te veas tentado de regalarle tu poder durante la semana. Escribe quién fue la persona y la circunstancia en la que sucedió. Para el final de la semana, descubrirás algunos patrones, como si le regalas tu poder a tu familia o si lo entregas a alguien más cuando te sientes ansioso.

Crea un plan para empoderarte

¿Qué cosas puedes hacer para empezar a empoderarte?

- ○ Decir no a cosas que no quiero hacer.
- ○ Alzar la voz cuando no me guste la manera en que me estén tratando.
- ○ Invertir más tiempo/energía en mis propias actividades.
- ○ Intentar cuidar mejor de mí.

No regales tu poder

- ◯ Distraerme cuando empiece a rumiar acerca de alguien o de alguna situación.
- ◯ Cambiar el lenguaje de víctima por lenguaje empoderado.
- ◯ Regular mis emociones.
- ◯ Perdonar a alguien.
- ◯ _____.

Ahora, identifiquemos algunos pasos claros que puedas tomar. Recuerda, los pasos pequeños pueden llevarte lejos si los das de manera consistente. A continuación te muestro ejemplos de algunos pasos pequeños que podrías tomar:

- ▶ Me excusaré a la siguiente ocasión en que mis compañeros de trabajo empiecen a hablar de chismes en la sala de descanso para que no me enganche con ellos.
- ▶ No voy a contestar el teléfono a la hora de la comida.
- ▶ Cuando sienta que una conversación me está alterando, diré que necesito tomar un momento para tranquilizarme antes de perder los estribos.
- ▶ Cuando me sienta ansioso porque mi pareja esté molesta conmigo, me iré al gimnasio en lugar de enviarle un sinfín de mensajes.
- ▶ Cuando me encuentre rumiando conversaciones que tuve con mi jefe y que no salieron bien, hablaré con mi pareja acerca de algo que no tenga nada que ver con el trabajo.

- La siguiente ocasión que mi hermano me pida dinero prestado, le diré que no puedo ayudarle.

- Intentaré esforzarme por perdonar a mi madre por no mostrarme mucho amor durante mi infancia.

- Cuando me atrape recurriendo al lenguaje de víctima, lo reemplazaré con un lenguaje que me empodere.

Menciona un paso que puedas tomar para empezar a recuperar tu poder.

¿Qué notarás de ti mismo una vez que empieces a recuperar tu poder?

¿Cómo cambiará tu vida cuando dejes de regalar tu poder?

Cuando DEJÉ de evitar el cambio...

Me di cuenta de lo mucho que me estaba perdiendo y de lo muchísimo más de lo que soy capaz.

Brian McDonald (38 años, Canadá)

Empecé un nuevo trabajo, me mudé a una mejor casa e hice nuevos amigos. Fue difícil a corto plazo, ¡pero valió la pena a la larga!

Sarah Thomas (37 años, Oregon)

Descubrí cuánta belleza podía darle a mi vida.

Megan Gordon (26 años, Nuevo México)

3

No evites el cambio

Es frecuente que mis pacientes me digan: "¡Es que detesto el cambio!". Mi trabajo no es lograr que lo amen. El cambio es muy difícil, pero evitarlo no te será de ninguna ayuda.

Durante la pandemia por covid-19 vimos justo qué tan rápido pueden cambiar las circunstancias. Fuera que tuvieras que usar un cubrebocas, trabajar desde casa, no asistir a compromisos sociales o suspender tus vacaciones era necesario que te adaptaras. Algunas personas descubrieron que querían todavía más cambios: obtuvieron otro trabajo, se mudaron a un sitio nuevo o adoptaron novedosos hábitos saludables.

Otras personas apenas y podían esperar a que las cosas regresaran a algún tipo de "normalidad" para volver a sus rutinas anteriores. Sin embargo, si algo aprendimos de la pandemia, es que hay ocasiones en que el mundo entero puede cambiar de manera bastante veloz.

No tiene nada de malo disfrutar de una vida sencilla o elegir sentirte satisfecho con la forma en que son las cosas.

También está perfectamente bien tener rutinas habituales que lleves a cabo casi sin pensarlas. No obstante, es importante que seas adaptable para que, cuando cambien las cosas, puedas crecer de manera acorde.

¿CÓMO EVITAS EL CAMBIO?

En este capítulo discutiremos la forma de encontrar el valor para crear cambios positivos en tu vida. Antes de que entremos en materia, echa un vistazo a las siguientes afirmaciones y coloca una palomita junto a las que pienses que te describen.

- ○ Sigo en un trabajo/relación/situación que sé que no me beneficia.
- ○ A menudo, pienso en la manera en que un cambio podría empeorar las cosas, no mejorarlas.
- ○ Cuando intento algo nuevo, no tardo en darme por vencido porque me hace sentir incómodo.
- ○ Paso oportunidades por alto porque no quiero hacer algo nuevo.
- ○ Me he quedado dentro de una relación (de amistad o romántica) que no era buena para mí porque la percibía como algo conocido.
- ○ Cuando otras personas cambian algo que me afecta, no tardo en protestar.

No evites el cambio

Da un ejemplo de una ocasión en que hayas evitado el cambio.

¿Qué pensaste en el momento?

¿Qué estabas sintiendo?

Cambio interior vs. cambio exterior

Algunas personas adoptan cambios con demasiada velocidad. Cambian de trabajo, de relación y de situación de vida ante el primer asomo de que el pasto es más verde en otro sitio.

Pero al tiempo que cambian de entorno, no cambian en sí mismas. Quizás les incomode el aburrimiento o tal vez no sepan lo que quieren de la vida o, incluso, quiénes son en realidad. O quizás estén huyendo de sus problemas.

Por otro lado, hay muchas áreas de la vida en las que cambiamos con enorme lentitud. Tal vez te hayas quedado en la misma relación poco sana durante demasiado tiempo porque temes sentirte solo. O es posible que te quedaras en un trabajo que no te gustaba porque pensaste que encontrar uno nuevo requeriría demasiado esfuerzo.

¿Qué cambiaste rápidamente en el exterior porque en realidad no querías cambiar en el interior?

¿Cuál sería un cambio al que te resististe por sentirte muy incómodo o porque requeriría demasiado esfuerzo?

No evites el cambio

¿Por qué evitas el cambio?

Es frecuente que optemos por lo conocido contra lo que se siente poco familiar, aunque arriesgarse podría mejorar las cosas. Incluso cuando las cosas están mal, nos agrada que la vida sea predecible. Sin embargo, existen otras razones por las que podrías evitar hacer cambios en tu vida. Tómate algunos minutos para analizar las siguientes afirmaciones y decide cuáles te describen de la mejor manera.

- ○ Tengo el hábito de rechazar las oportunidades nuevas.
- ○ Pienso en todas las cosas que podrían salir mal si hago algo de manera diferente.
- ○ Dudo de mis capacidades para adaptarme a algo nuevo.
- ○ Intentar cosas nuevas me hace sentir ansiedad y haría casi cualquier cosa con tal de no sentirme así.
- ○ El cambio simplemente me parece demasiado difícil.
- ○ Me da miedo que un pequeño cambio pueda hacer que todo se venga abajo.
- ○ Creo que hacer las cosas de manera diferente requiera de un mayor esfuerzo del que puedo ofrecer.
- ○ Intento cosas nuevas a disgusto y me doy por vencido a la primera señal de un problema.
- ○ Cuando intento algo nuevo, invierto mi energía pensando en cómo eran mejores las cosas antes en lugar de centrar mi atención en adaptarme.
- ○ _____.

LA HISTORIA DE LINDSEY

Lindsey llevaba varios meses sin sentirse bien, pero sus síntomas variaban. Un día presentaba un dolor de cabeza paralizante y al siguiente sus intensos dolores de estómago causaban que se doblara por la mitad. Su marido y sus padres le insistían en que viera al médico porque su fatiga y sus aflicciones no les parecían normales.

Mientras más la presionaban, más se resistía. Aunque sí acordó ver a un terapeuta y así es como terminó en mi consultorio.

Me dijo: "Ya sé lo que me va a decir el doctor: que necesito bajar de peso, hacer más ejercicio y alimentarme de manera más sana. ¿Pero cómo puedo hacer cualquiera de esas cosas si me siento tan estresada todo el tempo?".

Sabía que las intenciones de su familia eran buenas cuando le insistían en que acudiera al médico, pero estaba segura de que no entendían que no había forma en que pudiera cambiar sus hábitos hasta que no se sintiera mejor en términos emocionales.

De modo que pasamos varias semanas hablando de las cosas que le ocasionaban estrés y de cómo lo manejaba. Reconoció que pasaba mucho tiempo comiendo alimentos poco sanos, viendo televisión y quedándose recostada en la cama. Tenía la esperanza de que la terapia pudiera aliviar su estrés para que tuviera la energía suficiente para implementar cambios positivos.

Y aunque era cierto que reducir sus niveles de estrés con toda seguridad ayudaría a crear cambios positivos, le expliqué que lo contrario también era probable. Que crear cambios

No evites el cambio

positivos en su vida tendría el resultado probable de reducir su estrés.

Parte de su terapia implicó que confrontara la creencia de que tenía que sentirse mejor para poder hacer cambios positivos después. Empezó a mentalizarse de que podía hacer algunos cambios de inmediato aunque no se sintiera del todo lista para hacerlos.

Acordó que, para iniciar, sacaría una cita con su médico para descartar cualquier problema grave de salud. Y, justo como lo sospechaba, su médico le recomendó que implementara algunos hábitos alimentarios más saludables.

Después de su cita, llegó a la terapia diciendo: "De por sí no me siento bien. Temo que presionarme a hacer las cosas va a lograr que me sienta todavía peor".

Aunque la calidad de vida de Lindsey no era muy buena en el momento, temía que cualquier paso que tomara reduciría la misma todavía más. De modo que trabajamos en una estrategia llamada "Jugar a ganar", un ejercicio que examinaremos más adelante en este capítulo. En esencia, implicaba cambiar sus pensamientos de "Espero que aumentar mi actividad física no empeore mi vida" a "Espero que aumentar mi actividad física mejore mi vida". Ese cambio sutil hizo una enorme diferencia.

Empezó a prestarle atención a las formas en que los cambios podían ser buenos para ella. Por supuesto, no había garantía alguna de que los hábitos más saludables ayudaran a sentirse mejor en términos físicos y emocionales, era algo que no sabríamos hasta que lo intentara.

Pero una vez que su mantra cambió de "Voy a evitar que mi vida sea peor" a "Voy a hacer que mi vida sea mejor" encontró la valentía para intentar cosas nuevas. Empezó poco a poco. Decidió salir a caminar alrededor del vecindario todos los días antes del trabajo y, de nuevo, después de cenar. Además, empezó a anotar lo que comía cada día.

Al cabo de algunas semanas, me informó que esos pequeños cambios la habían ayudado a sentirse mejor. De modo que empezamos a identificar algunos otros cambios pequeños que pudiera implementar; como hacer algunos estiramientos y beber más agua. Con cada ajuste que llevó a cabo, aumentó su confianza en la capacidad que tenía para hacer las cosas de modo diferente.

Para cuando terminamos nuestras sesiones, Lindsey se sentía empoderada. Asumió el control de su salud y su bienestar y reconoció que sus niveles de estrés se redujeron una vez que empezó a crear mejores hábitos para sí misma. Estaba confiada no solo en que podía tolerar el cambio, sino que también podía generarlo.

> *Empecé a decir que sí a algunas cosas. Me percaté de cualidades dentro de mí que jamás supe que tenía. Conocí a diferentes personas y formé relaciones que ahora se convirtieron en amistades. Incluso tengo un trabajo que me encanta porque me atreví a llevar a cabo ese acto de fe y salté del barco. Salí de mi zona de confort y encontré que estas nuevas experiencias y relaciones eran lo que le hacía falta a mi vida. Si las hubiera evitado, que era todo lo que ansiaba hacer en mi interior, jamás me hubiera encontrado a mí misma. Sea que la experiencia fuera algo en lo que persistí o algo que intenté y que no me agradó, al menos ahora tenía la paz mental de saberlo.*
>
> Jenny Dickerson (39 años, Michigan)

EJERCICIOS DE FORTALEZA MENTAL

Para dejar de evitar el cambio necesitas confiar en que puedes adaptarte. En ocasiones, unos pocos cambios a la manera en que piensas o actúas pueden hacer una enorme diferencia en tu disposición a enfrentar el cambio de manera directa. A continuación encontrarás algunos de mis ejercicios favoritos que te pueden ayudar a construir la fortaleza mental que necesitas para dejar de evitar el cambio.

Nombra tus emociones

Tan solo etiquetar la manera en que te sientes puede reducir el impacto de tus emociones. Nombrar un sentimiento le ayuda a tu mente a darle un poco más de sentido a lo que está sucediendo en tu cuerpo. De modo que cuando puedes decir: "Me siento ansiosa en este momento" o "Estoy triste" podrías experimentar esa emoción de manera un poco menos intensa.

Cuando evitas el cambio, lo más probable es que estés tratando de evadir una emoción incómoda. Puede sentirse un poco atemorizante intentar algo nuevo. O quizás sea que te sientes triste de darle fin a algo que no está funcionando. Reconocer la emoción incómoda que estás tratando de evitar podría darte el valor que necesitas para enfrentarla.

No te alarmes si se te dificulta encontrar una palabra que describa la manera en que te estás sintiendo. Es poco frecuente que hablemos de las emociones, de manera que tal vez te resulte algo difícil saber cómo es que te sientes. A continuación enlisto las palabras que describen sentimientos y que pueden ayudarte a comenzar:

13 cosas que las personas mentalmente fuertes no hacen

Feliz	Triste	Furioso	Solo
Ansioso	Sorprendido	Celoso	Asustado
Avergonzado	Asqueado	Frustrado	Confiado
Confundido	Agradecido	Juguetón	Culpable
Decepcionado	Pasmado	Abrumado	Pacífico

¿Qué cambio estás evitando en tu vida en este momento?

¿Cuál(es) emoción(es) estás evitando sentir?

Jugar a ganar

Quizás estés evitando un cambio porque te asusta que las cosas se pongan peor. Sin embargo, evitar hacer que las cosas empeoren es muy diferente a tratar de aplastar tus metas.

Si llegas a tu primer día de trabajo y piensas: "Espero que no deteste este trabajo tanto como el anterior" es probable

No evites el cambio

que tengas una experiencia muy distinta a si llegas y piensas: "¡Espero que me fascine este trabajo!".

Te puedo asegurar que un atleta olímpico no sale al terreno de juegos pensando: "Espero que no llegue en último lugar". Y es justo su actitud de "jugar a ganar" la que los ayuda a convertirse en atletas de élite.

Trata el cambio de la misma manera. Decide que vas a mejorar tu vida con los cambios que implementes. Observa los siguientes ejemplos de cómo podrías intentar pensar cuando tratas de no perder contra la manera en que podrías pensar cuando estás intentando ganar. Después, intenta llenar las casillas en blanco con algunos ejemplos propios de cómo podrías cambiar tu manera de pensar para que juegues a ganar.

TRATAR DE NO PERDER	TRATAR DE GANAR
Espero que esta cita no sea terrible.	Espero que esta cita sea muy divertida.
Voy a hacer el ridículo en la clase de *spinning*.	Voy a conocer gente nueva y a hacer muchísimo ejercicio.
No quiero tener el número más bajo de ventas en mi división.	
Espero que mis amigos no se burlen de mi ropa.	
No quiero que me despidan durante la evaluación anual.	
Espero que no haya quemado la cena.	

13 cosas que las personas mentalmente fuertes no hacen

¿Cuál sería un ejemplo de una situación en la que juegas para no perder?

¿Cuáles son algunos de tus pensamientos en cuanto a esa situación?

¿Cómo puedes cambiar lo que pensaste para jugar a ganar?

Argumenta lo contrario

> Tuve que empezar a examinar todas las razones por las que me estaba esforzando tanto para que las cosas siguieran igual. Estaba mintiéndome en cuanto a lo difícil que iba a ser el cambio. Cuando

No evites el cambio

> *dejé de pensar en todas las cosas que podían salir mal y empecé a pensar en todas las cosas que podrían salir bien encontré el valor que necesitaba para cambiar mi vida.*
>
> CAROLYN HIGHWATER (47 años, Minnesota)

Es posible que tu cerebro sea de verdad excelente para predecir los peores escenarios posibles. También podría ser excelente en mantenerse centrado en la forma en que no hay manera de evitar un desenlace negativo.

Si alguien te dijera que tus probabilidades de ganar una rifa son de uno en un millón, lo más seguro es que te alejarías, convencido de que no podrías ganar. Incluso es posible que no pasarías un segundo más pensando en ello.

Sin embargo, si tuvieras una probabilidad de uno en un millón de contraer una enfermedad mortal, quizás te sentirías convencido de que va a darte y podrías desperdiciar incontables horas obsesionado con el hecho de que podrías estar en riesgo.

A menudo, esa es la manera en la que nuestros cerebros responden al cambio. Sobreestimamos los riesgos potenciales al tiempo que subestimamos nuestra capacidad para manejar el desenlace.

Algo que podemos hacer para combatir esos pensamientos negativos es argumentar lo contrario. Tómate un minuto y trata de pensar en el mejor escenario posible. Piensa en la manera en que las cosas podrían salir todavía mejor de lo que esperas. Llena los espacios en blanco con tus propios ejemplos de cómo podrías argumentar lo contrario.

13 cosas que las personas mentalmente fuertes no hacen

PENSAMIENTO DE ESCASA UTILIDAD	ARGUMENTA LO CONTRARIO
Todo el mundo va a detestar mi presentación.	Mi presentación podría gustarles a todos.
Este evento va a ser de lo más incómodo.	Este evento va a ser de lo más divertido.
El médico me va a dar pésimas noticias.	
Nadie se va a presentar.	
Mi relación jamás va a mejorar.	
Jamás podré ser más sano.	
Siempre voy a estar en quiebra.	

¿Cuál sería el peor escenario posible que estés imaginando en este momento?

¿Cuál sería el mejor escenario potencial?

No evites el cambio

Utiliza los PASOS para solucionar problemas

> *Pasé mucho tiempo convenciéndome de que no podía cambiar mi vida. Sin embargo, muchos de los obstáculos que se encontraban en mi camino en realidad no eran obstáculos que pudieran detenerme. Solo eran desafíos que necesitaban que yo aumentara mi creatividad lo suficiente para determinar la forma de enfrentarlos.*
>
> WILLIAM R. (41 años, Francia)

Hay veces en que nos quedamos justo donde estamos porque hay obstáculos en nuestro camino y no sabemos cómo superarlos. En otras, nos sentimos tan abrumados por la vida que no podemos reunir la energía suficiente para hacer las cosas de manera distinta.

Quizás te convenzas de que no hay solución alguna o tal vez pienses que la solución simplemente está fuera de tu alcance. Sin embargo, hay diversas maneras de resolver un mismo problema y diferentes formas de llegar a una solución.

Tener una clara estrategia de solución de problemas puede servirte para que enfrentes cualquier reto con el que te encuentres. Una estrategia es que utilices los siguientes PASOS, un acrónimo que representa:

- ▶ Plantea el problema.
- ▶ Atrévete a pensar en al menos cinco soluciones.
- ▶ Supón cuáles serían los pros y los contras de cada idea.
- ▶ Opta por alguna de las soluciones.
- ▶ Saca conclusiones acerca de si funciona.

El siguiente sería un ejemplo.

La renta de Lucas sube año con año. Pensó en mudarse, pero no tenía mucho dinero ahorrado. La mayoría de los departamentos pedían por adelantado el primer y último mes de renta, además de un depósito de seguridad, de manera que frecuentemente pensaba que tendría que vivir en el mismo edificio para siempre. Esta es la manera en que podría utilizar los PASOS para solucionar su problema:

- **Plantea el problema.** Necesito ahorrar al menos $5 000 dólares para poder mudarme.

- **Atrévete a pensar en al menos cinco soluciones.**

    1. Puedo tratar de encontrar trabajos de medio tiempo para ganar más dinero.

    2. Podría dejar de pagar la renta en el departamento donde vivo ahora.

    3. Podría reducir mis demás gastos.

    4. Podría vender mi coche.

    5. Podría vivir en casa de mis papás por algunos meses.

- Supón cuáles serían los pros y los contras de cada idea.

IDEA	PROS	CONTRAS
Puedo buscar un trabajo de medio tiempo.	Lo más probable es que me contratarían rápido para un trabajo modesto.	No me quedará tiempo para hacer cosas divertidas.

No evites el cambio

IDEA	PROS	CONTRAS
Puedo dejar de pagar la renta en el lugar donde vivo para ahorrarme ese dinero.	Podría ahorrar dinero en un par de meses.	Mi casero no querrá darme una recomendación; podría arruinar mi historial crediticio.
Puedo reducir mis gastos para ahorrar dinero.	Sería positivo que analizara mi presupuesto.	Me llevará mucho tiempo ahorrar el dinero suficiente.
Podría vender mi coche.	Podría conseguir el dinero muy rápido.	Tendré que pagar por un servicio de transporte.
Podría vivir con mis papás unos meses.	Podría conseguir el dinero muy rápido.	En realidad, no quiero vivir con ellos; necesitaría pensar en qué hacer con todas mis cosas.

▶ **Opta por alguna de las soluciones.** Encontrar un trabajo de medio tiempo

▶ **Saca conclusiones acerca de si funciona.** En algunos meses, puede evaluar su progreso. Tal vez encuentre que está cercano a tener la cantidad de dinero que necesita o tal vez descubra que todavía no está ahorrando lo suficiente a causa de los gastos asociados con tener un nuevo empleo (comer fuera, pagar gasolina, etc.). Si el plan A no está funcionando, puede intentar con el plan B.

Ahora, toma algún problema que tengas en tu propia vida y trabájalo con los PASOS para la solución de problemas. Haz una lluvia de ideas para encontrar el mayor número de soluciones que puedas, no todas tienen que ser cosas que necesariamente intentarías hacer. Identificar una variedad de opciones te puede ayudar a entender que hay muchas maneras de resolver un mismo problema.

Menciona cuál es tu problema:

Piensa en al menos cinco soluciones:

Evalúa lo que parece bueno o malo de cada una de las soluciones anteriores:

	BUENO	MALO
1.		
2.		
3.		
4.		
5.		

No evites el cambio

Elige una.

Prueba si funciona. Si no es así, ¿qué otra solución podrías intentar?

¿Con qué otros problemas o asuntos de tu vida podrías aplicar los pasos?

¿Cómo es que solucionar estos problemas podría ayudarte a aceptar el cambio?

LA TAREA PARA ESTA SEMANA

Practica dándole un nombre a los sentimientos que tengas algunas veces al día. Esto lo podrías combinar con una actividad que ya lleves a cabo para que te sea más fácil recordar hacerlo, como cuando te cepilles los dientes o comas. Trata de centrarte en ti mismo y pregúntate: "¿Cómo me estoy sintiendo en este momento?". Mientras más puedas nombrar tus sentimientos, más fácil te será identificar las emociones que te hacen evitar el cambio.

Crea un plan para dejar de evitar el cambio

¿Qué son algunas cosas que puedes hacer para dejar de evitar el cambio?

- ○ Intentar hacer una cosa nueva cada semana.
- ○ Prestarles atención a mis sentimientos cuando me sienta tentado a evitar el cambio.
- ○ Identificar los problemas que temo enfrentar.
- ○ Pedir ayuda para crear un cambio cuando se me dificulte hacerlo por mí mismo.
- ○ Identificar áreas de mi vida que estén estancadas y evaluar los cambios que desee hacer.
- ○ _____.

Ahora, identifiquemos algunas acciones claras que podrías llevar a cabo para empezar a aceptar el cambio. A continuación

No evites el cambio

te comparto algunos de los pasos que las personas podrían tomar para dejar de evitar el cambio:

- Me inscribiré para tomar algún curso nuevo esta semana.
- Pasaré una hora a la semana aprendiendo acerca de la tecnología.
- Pasaré los sábados por la mañana investigando nuevas opciones de departamentos.
- Actualizaré mi currículum y solicitaré un nuevo empleo cada semana.
- Cada mes, aceptaré una nueva oportunidad que se me presente.

¿Cuál sería un paso que pudieras tomar para empezar a darle la bienvenida al cambio?

¿Qué notarás en ti mismo cuando empieces a adoptar el cambio?

¿Cómo cambiará tu vida?

Cuando **DEJÉ** de concentrarme en lo que no puedo controlar...

Fui capaz de centrarme en las cosas sobre las que sí tengo control.

BLAYNE WATTS (46 años, Montana)

Desarrollé un mejor sentido de confianza en los demás y en sus capacidades. Dado que llevo a cabo un trabajo que opera según cronogramas y prioridades que compiten entre sí, poder confiar en que los demás desempeñen las tareas que se encuentran dentro del rango de sus capacidades me ha permitido darme cuenta de que eso me libera para concentrarme en capacitarlos y ayudarlos a crecer, que es una de mis prioridades.

WESLEY CHAMPLIN (57 años, Florida)

Me di cuenta de la cantidad de tiempo que podía dedicarle a las cosas que sí puedo controlar. Eso hizo toda la diferencia para mí.

LANNA BAILEY (62 años, Maryland)

4

No te concentres en lo que no puedes controlar

Es probable que haya momentos en que te parezca más fácil controlar tu entorno que controlar tus emociones. Este enfoque hará sentido gran parte del tiempo. Después de todo, si existe un evento que te va a ocasionar mucho estrés, podrías usar tu sabiduría y elegir no asistir.

No obstante, hay ocasiones en que esta técnica resulta contraproducente. Es posible que pases horas rumiando de manera obsesiva cosas que, en realidad, no puedes controlar, aunque desearías poder hacerlo. Hay veces en que todos nos centramos en cosas que no podemos controlar y, cuando eso sucede, desperdiciamos nuestro valioso tiempo y energía, además de dar la bienvenida a nuevos problemas en nuestra vida.

Es atemorizante cambiar nuestra atención a aquellas cosas que sí podemos controlar, al menos al principio. Si eres una de esas personas que se preocupa por todo entenderás a lo que me refiero. La razón por la que te esfuerzas tanto por arreglar ciertas circunstancias o por cambiar a otras personas se debe a que te preocupa lo que sucederá si no lo haces. Pero una vez que dejes de concentrarte en lo que no puedes controlar, tendrás mucho más tiempo y energía para centrar tu atención en aquellas cosas que sí puedes controlar.

¿DE QUÉ MANERA TE CONCENTRAS EN LO QUE NO PUEDES CONTROLAR?

En este capítulo hablaremos sobre lo que de verdad se encuentra dentro de tu control y lo que no, y trabajaremos con algunos ejercicios que te ayudarán a concentrarte en lo que más importa: lo que sí puedes controlar. Pero primero, echemos un vistazo a algunas de las diferentes maneras en que podrías estarte concentrando en lo que no puedes controlar.

- ○ Investigo de manera obsesiva lo que no puedo controlar porque experimento menos ansiedad al hacer algo.
- ○ Paso mucho tiempo prediciendo escenarios catastróficos.
- ○ Invierto mucho tiempo en pensar cómo otros deberían cambiar.
- ○ Paso mucho tiempo planteándome preguntas del estilo: "¿Qué pasaría si...?" que no son de provecho, como: "¿Qué pasaría si nadie viene?".
- ○ Una y otra vez revivo cosas que ya sucedieron dentro de mi mente.

No te concentres en lo que no puedes controlar

- ○ Me preocupo mucho por los problemas de los demás y la manera en que aquellas personas lidiarán con ello.
- ○ Paso más tiempo pensando en lo que otros van a decir o hacer que en mí.

Menciona algo en lo que pasas mucho tiempo pensando aunque no tienes ningún control sobre ello.

¿Cómo te sientes cuando piensas en ello?

¿Qué haces cuando piensas al respecto? ¿Cómo afecta tu comportamiento?

CONCENTRARTE EN LO QUE NO PUEDES CONTROLAR VS. CONCENTRARTE EN LO QUE SÍ PUEDES CONTROLAR

Si pudiéramos controlar el mundo, podríamos eliminar la ansiedad, pero no evitaríamos que sucedieran cosas malas, ni tampoco hacer que las cosas sucedan en nuestro beneficio.

Eso no significa que no hagamos el esfuerzo para que eso suceda. La mayoría de nosotros invierte energía en cosas sobre las que no tenemos control alguno, al menos parte del tiempo.

Tal vez has pasado horas preocupado sobre la manera en que algún hijo adulto tuyo vaya a gastar su dinero. O tal vez te has preocupado por lo que tu jefe te diría en alguna junta por celebrarse.

Esto no significa que no debas pasar cierto tiempo pensando en tu propia conducta. Podrías hacer un plan de lo que le dirás a tu hija que batalla con vivir de acuerdo con sus posibilidades. O tal vez planees cómo responderás si tu jefe critica tu trabajo.

Sin embargo, existe una diferencia entre el pensamiento productivo y rumiar aquellas cosas que no puedes controlar.

Imaginemos que planeaste una enorme celebración al aire libre para alguien durante este fin de semana y que los pronósticos del clima indican que hay posibilidad de que llueva. Sería de utilidad que tengas un plan de lo que harás en caso de que de hecho llueva, pero de nada sirve que de manera obsesiva revises diferentes aplicaciones del estado del tiempo cada pocos minutos.

Después de todo, no hay manera de que controles el clima. No obstante, lo que sí puedes controlar es cancelar o

No te concentres en lo que no puedes controlar

reprogramar la celebración, si continuar con la fiesta a pesar de la posibilidad de lluvia o si llevarla a cabo en interiores.

Puedes ahorrar mucho tiempo y energía, además de aumentar tu fortaleza mental, cuando aprendes a concentrarte en lo que sí puedes controlar. Pero antes de que lleves a cabo ese cambio, tienes que aprender a reconocer los momentos en que te estés concentrando en aquello que está por completo fuera de tu control.

No obstante, hay cosas que no están tan bien definidas. En ciertas situaciones, tienes algo de control, aunque no del todo. Tómate un minuto para pensar en la cantidad de control que tienes sobre lo que está por suceder. Es posible que encuentres que hay un sinnúmero de cosas sobre las que tienes cierto control, aunque no un control completo. Aprender a reconocer los factores dentro de tu control te puede ayudar a situar tus energías en los sitios correctos. Coloca una palomita en la casilla que describa la cantidad de control que tienes sobre cada situación:

	NINGÚN CONTROL	ALGO DE CONTROL	CONTROL TOTAL
El número de horas que duermo			
Conseguir un ascenso			
Mi salud			
Mis finanzas			
Cuánto me ejercito			

¿En qué te concentras que es una pérdida de tiempo?

Tómate algunos minutos para pensar en el tipo de cosas sobre las que no tienes control alguno y en las que desperdicias tu tiempo cuando piensas en ellas, te preocupas por ellas o hablas de ellas.

- ○ Cosas que ya pasaron.
- ○ Cosas futuras que no puedo prevenir.
- ○ El comportamiento de los demás.
- ○ La madre naturaleza (clima, desastres naturales).
- ○ Asuntos mundiales (reglas gubernamentales, la economía, etc.).
- ○ _____.

> *Ninguna situación puede tener poder sobre ti sin que desencadene una reacción de tu parte. Acepta todo y disfruta del ahora. Cuida de tus pensamientos y del océano de tu mente. Domina y controla las olas en tu interior y podrás ser feliz en relación con absolutamente todo lo que suceda fuera de ti.*
>
> Eduard Mateita (24 años, Rumania)

LA HISTORIA DE SIERRA

Sierra empezó a asistir a terapia porque se encontraba en medio de una desagradable disputa de custodia con su exmarido. Sus dos hijos vivían con ella y visitaban a su padre cada fin de semana.

Pero a Sierra le preocupaba lo que pasaba en casa de su exmarido. Me dijo: "¡Deja que los niños se queden despiertos hasta altas horas de la noche! Hacen lo que les da la gana y, cuando regresan a casa, están como locos durante un par de días".

Invertía mucho tiempo y energía reportando la conducta de su exmarido al tutor *ad litem*, el abogado designado por los tribunales para velar por los intereses de los niños. Sin embargo, sentía que este último no estaba tan preocupado como debería estarlo.

Durante más de dos años, Sierra pasó la mayor parte de su tiempo preocupándose acerca de lo que sucedía en casa de su exmarido. Era algo que la consumía y que estaba teniendo repercusiones en la relación con los niños.

Cuando los recogía después de un fin de semana con su padre, los interrogaba de forma inmisericorde en cuanto a lo que ellos hacían, la hora en la que se acostaban, lo que comían y lo que hacía su padre. Se daba cuenta de que sus hijos se estaban hartando de sus preguntas y de su evidente desaprobación de las reglas de su padre, pero estaba desesperada por saber lo que sucedía en su ausencia.

La terapia se centró en que soltara las cosas que no podía controlar; en esencia, todo lo que sucedía en casa de su exesposo. Claro que si tuviera preocupaciones relacionadas con un posible abuso, debería intervenir y tomar medidas, pero había poco que pudiera hacer en cuanto al hecho de que sus hijos tuvieran menos reglas al estar en casa de su padre. Permitir que se quedaran despiertos hasta tarde y que comieran galletas durante el desayuno no constituía abuso infantil.

Trabajamos en identificar aquello que pudiera controlar (un ejercicio que aprenderás más adelante en este capítulo). Podía controlar lo que sucedía en su propia casa. También podía elegir invertir su tiempo en tratar de desarrollar una mejor relación con sus pequeños.

Le recomendé que empezara a programar un horario para preocuparse, otro ejercicio que veremos en un momento. Apartó 15 minutos al día para preocuparse de sus hijos y de lo que pasaba en casa de su padre. Esta fue una estrategia eficaz para ella porque pensaba que, como madre abnegada, debía preocuparse un poco acerca de lo que sucedía ahí, pero no queríamos que esas preocupaciones consumieran cada momento de su vida.

Al principio, estos cambios le resultaron complicados. Se sentía culpable por invertir sus energías en cosas que disfrutaba. Pensaba que, de alguna manera, hacer cosas divertidas mientras los niños no estaban en casa (y no preocuparse acerca de lo que estuvieran haciendo) significaba que no le importaban. Sin embargo, también reconoció que sus hijos parecían más relajados acerca de regresar a casa cuando dejó de interrogarlos sobre lo que pasaba en casa de su padre.

Al paso de algunos meses, Sierra se sintió menos estresada. En lugar de concentrarse en lo que pensaba que su exmarido estaba haciendo mal, invirtió su energía en hacer su máximo esfuerzo personal. Empezó a preguntarse "¿Cómo

No te concentres en lo que no puedes controlar

> me desempeñé como madre el día de hoy?" y comenzó a sentirse bien acerca de las cosas que lograba como madre soltera.
>
> Al inicio de la terapia, cada que yo le preguntaba cómo estaba, ella siempre me respondía contándome algo acerca de su exmarido y de sus "peripecias". Sin embargo, para el final de las intervenciones, Sierra pudo responder a la pregunta diciéndome cómo se encontraba personalmente porque, al fin, se estaba concentrando en lo que sí podía controlar.

EJERCICIOS DE FORTALEZA MENTAL

De inicio, negarte a concentrarte en lo que no puedes controlar se siente atemorizante; sin embargo, si practicas de manera consistente, verás lo mucho que puedes obtener de concentrarte solo en lo que sí puedes controlar. A continuación describo mis ejercicios favoritos para ampliar la fortaleza mental que necesitas para dejar de concentrarte en lo que no puedes controlar.

Influye en las personas, pero no trates de controlarlas

Es probable que hayas oído a las personas decir frases como: "No puedes controlar a los demás", cosa muy cierta. No puedes obligar a tu pareja a limpiar la casa, no puedes obligar a tu madre a dejar de beber y no puedes obligar a tu hijo a convertirse en un alumno estelar.

Sin embargo, sí puedes influir a las personas.

> *Al fin acepté que no puedo obligar a nadie a actuar como quiero que lo haga. Al principio fue muy atemorizante, pero las cosas mejoraron. Mis relaciones también mejoraron y ahora tengo más tiempo para preocuparme por lo que yo voy a hacer.*
>
> MATT G.
> (32 años, Nuevo Hampshire)

Y, cuando dejas de concentrarte en tratar de controlarlas, puedes empezar a prestar atención a la influencia que tienes sobre ellas.

Alabar a tu hijo por limpiar su habitación aumentará las probabilidades de que lo vuelva a hacer.

Cambiar de tema cada que alguna amistad empieza a quejarse acerca de lo mismo una y otra vez, reduce las probabilidades de que siga mencionándolo cuando se encuentre contigo.

Servir de modelo de rol con hábitos financieros sanos aumentará las probabilidades de que tu hijo adolescente aprenda estas habilidades económicas.

No contestar el teléfono después de las 10 de la noche, reducirá las probabilidades de que tus familiares te llamen entrada la noche de manera continua.

¿Quiénes son algunas personas cuyo comportamiento te ha preocupado al grado que resultó infructuoso tanto para ellas como para ti?

No te concentres en lo que no puedes controlar

Cosas que no funcionan

Tómate un minuto y piensa acerca de las formas en que intentaste cambiar el comportamiento de otras personas en el pasado sin que surtieran efecto. Coloca una palomita junto a estas estrategias que es probable que no hayan funcionado muy bien y llena los espacios en blanco si hay otras cosas que intentaste hacer que no fueron buena idea.

- ○ Sermonear a las personas.
- ○ Ofrecer consejos no solicitados.
- ○ Quejarte con otros acerca del comportamiento de alguien más.
- ○ Rogar o atosigar.
- ○ Dar ultimátums que no cumples.
- ○ Establecer límites que pretenden cambiar a otras personas en lugar de preservar tu paz interna.
- ○ _____.

Cosas que sí funcionan

Piensa acerca de las cosas que has intentado y que tuvieron una sana influencia sobre las personas que te rodean. Quizás le diste apoyo a alguien que quería cambiar algún hábito o tal vez elogiaste a alguien por intentar hacer algo nuevo. Coloca una palomita junto a las estrategias sanas que has utilizado para influir en las personas y llena el espacio en blanco si se te ocurre cualquier estrategia que todavía no esté en la lista.

- ○ Establecer límites que son para ti (para proteger tu tiempo, energía o paz interior), a diferencia de tratar de manipular a otra persona.
- ○ Modelar comportamientos sanos.
- ○ Ofrecerles espacio a las personas para que encuentren sus propias soluciones.
- ○ Apoyar los esfuerzos de cambio de otros.
- ○ Ofrecer recursos que pudieron ayudar a alguien.
- ○ Elogiar los comportamientos positivos.
- ○ Ignorar comportamientos negativos.
- ○ Hacer preguntas para ayudar a alguien a que determine lo que quiere.
- ○ Escuchar a alguien que está tratando de encontrar una solución propia.
- ○ _____.

Con base en tu comportamiento, puedes establecer metas propias. Podrías empezar a mostrarte más agradecido cuando tu pareja actúa de manera amorosa hacia ti, o quizás podrías comprometerte a no sermonear a tus hermanos en relación con sus elecciones y, en lugar de eso, señalar las cosas positivas que estén haciendo.

Al final del día, puedes preguntarte cómo te desempeñaste. Sin importar si cambió la conducta del otro o no, tú puedes controlar tu propio comportamiento.

No te concentres en lo que no puedes controlar

<u>Piensa en alguien en quien te gustaría influir. ¿Qué pasos sanos podrías tratar de tomar para ser una influencia positiva en su vida?</u>

Reemplaza pensamientos de problema con pensamientos de solución

Otra razón por la que quizás te estanques al concentrarte en lo que no puedes controlar es que pasas todo tu tiempo rumiando acerca del problema en lugar de tratar de encontrarle alguna solución.

Idear soluciones es de utilidad; rumiar acerca del problema, no lo es. A continuación te doy algunos ejemplos de las diferencias:

Pensamiento de problema: Voy a arruinar mi entrevista.

Pensamiento de solución: Puedo practicar respondiendo a posibles preguntas que se presentarán durante la entrevista.

Pensamiento de problema: Me voy a sentir muy avergonzada si mi madre bebe demasiado en su fiesta de jubilación.

Pensamiento de solución: Si mamá empieza a beber, me marcharé de la fiesta.

Es muy sencillo caer en la rumiación continua de los problemas. Sin embargo, pensar en ellos durante más tiempo o con más ahínco no conducirá a una mejor solución. Cuando te encuentres rumiando un problema, esfuérzate por tratar de responder con una solución.

Da un ejemplo de un pensamiento de problema que tengas y un pensamiento de solución con el que puedes atajarlo.
Pensamiento de problema:

Pensamiento de solución:

¿En qué momento tiendes a concentrarte en pensamientos de problema?

No te concentres en lo que no puedes controlar

¿Cómo podrías recordarte que debes responder a ellos con un pensamiento de solución?

Identifica una cosa que puedas controlar

En mi segundo libro, *13 cosas que los padres mentalmente fuertes no hacen,* hablé sobre cómo los padres pueden permitir que sus hijos tengan cierta sensación de control sobre algunas de las cosas en su vida. Por ejemplo, podrías preguntarle a tu hijo: "¿Quieres agua simple o agua con hielos para beber?". Esa pequeña opción de añadirle hielo al agua les dará una sensación de autonomía.

Sin embargo, hay situaciones en las que los niños tendrán muy poco control sobre lo que les sucede. Me voy a referir a un ejemplo muy extremo: los niños que tienen que someterse a tratamientos invasivos contra el cáncer. Los niños pequeños no comprenden por qué los están inyectando, examinando, colocando dentro de máquinas ni sometiendo a procedimientos dolorosos. A menudo, enfermeras y doctores tienen que detenerlos físicamente para llevar a cabo procedimientos muy dolorosos encaminados a salvarles la vida.

Durante un estudio, los niños informaron a sus médicos de elevados niveles de dolor al verse sometidos a diferentes procedimientos, de modo que un grupo de expertos los instruyeron en ejercicios de respiración. Así, sin importar a qué los sometieran, los pequeños tendrían control sobre algo: la manera en que respiraban. De forma repentina, empezaron a calificar su dolor como menos intenso. Eso prueba que siempre puedes encontrar algo que esté bajo tu control y, cuando lo hagas, empezarás a sentirte mejor.

Sea que tengas que tolerar un ambiente laboral menos que ideal o que un ser querido atraviese un grave problema de salud, siempre hay algunas cosas que tú puedes controlar: tu esfuerzo, tu actitud y tu propio comportamiento.

Llena cada uno de los círculos que aparecen abajo para que reflejen aquello que puedes controlar y aquello que no. En el círculo interno, incluye las cosas que sí puedes controlar (como tu comportamiento). En el círculo exterior, escribe aquellas cosas que no puedes controlar (como la economía). Este elemento gráfico puede ayudarte a recordar en qué concentrarte.

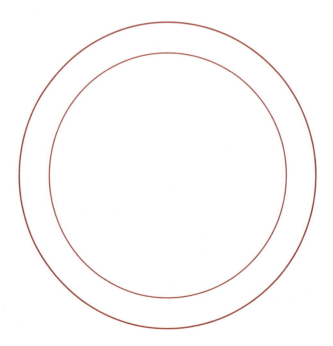

No te concentres en lo que no puedes controlar

¿Qué te ha preocupado recientemente sobre lo que no tienes control?

¿Qué puedes controlar en esa situación?

> *Cuando me percato de que algo me está preocupando mucho, solo me pregunto cuánto va a importar en cinco años. La verdad es que lo más probable es que carezca de importancia, de modo que no tiene caso desperdiciar el día de hoy preocupándose por algo así.*
>
> Don S. (56 años, Alabama)

Programa un horario para preocuparte

A primera vista, suena ridículo. Si te preocupas mucho, ¿por qué programarías más tiempo para hacerlo?

Pues bien, existen investigaciones que muestran que apartar algunos minutos de cada día para preocuparte puede ayudarte a limitar esas preocupaciones al tiempo especificado.

Esta es la forma en que funciona:

- Programa 20 minutos de cada día para preocuparte a una hora específica.

- Cuando te encuentres preocupándote fuera del horario programado para hacerlo, recuerda: "Este no es el momento para preocuparme acerca de eso. Lo haré más tarde".

- Cuando llegue la hora programada para que te preocupes, siéntate y hazlo a conciencia.

- Puedes sentarte en un sillón y pensar acerca de todas las cosas que te molestan. O podrías escribir todas las preocupaciones que te vengan a la mente en un diario.

- Cuando se termine el tiempo designado, levántate y haz alguna otra cosa.

Con la práctica, puedes entrenar a tu mente a preocuparse durante 20 minutos en lugar de que lo haga el día entero.

Mis pacientes que lo intentan informan que les lleva un par de semanas sentirse mejor, pero con la práctica diaria, se preocupan mucho menos. Incluso, algunos de ellos atraviesan por una transformación física, como si el peso del mundo se hubiera levantado de sus hombros en sentido literal.

Si pasas mucho tiempo concentrándote en lo que no puedes controlar, programa un horario para preocuparte. La mayoría de la gente encuentra que funciona mejor hacerlo a una hora avanzada del día para que puedan postergar sus preocupaciones hasta las primeras horas de la noche. Solo asegúrate de que no lo hagas justo antes de tu hora de dormir.

Preocuparse demasiado antes de ir a la cama podría dificultarte conciliar el sueño.

¿Cómo podría beneficiarte programar un horario para preocuparte?

Aparta 20 minutos de cada día para preocuparte a modo de experimento. Inténtalo por un par de semanas y observa qué es lo que notas.

LA TAREA PARA ESTA SEMANA

Cuando trates de arreglar algo, o cuando te preocupes mucho por alguna cosa, haz una pausa y pregúntate: "¿Esto está bajo mi control?". Si no es así, encuentra algo que sí lo esté y comprueba cuánto mejor te sentirás cuando sigas utilizando tus energías de manera provechosa.

Crea un plan para dejar de concentrarte en lo que no puedes controlar

¿Qué puedes hacer para dejar de concentrarte en lo que no puedes controlar?

- ○ Enfocarme en mi comportamiento.
- ○ Reemplazar los pensamientos de problema con pensamientos de solución.
- ○ Enlistar las cosas que sí puedo controlar.
- ○ Programar un horario para preocuparme de lo que no puedo controlar.
- ○ Esforzarme más por influir en la gente en lugar de tratar de controlarla.
- ○ _____.

Ahora, identifica algunos pasos claros que puedas tomar para dejar de concentrarte en lo que no puedes controlar. A continuación algunos ejemplos:

- ▶ Cuando me preocupe por algo, empezaré a preguntarme: "¿Qué parte de este problema se encuentra bajo mi control?".
- ▶ Todos los días me acordaré de al menos una cosa que esté bajo mi control.
- ▶ Limitaré la cantidad de tiempo que paso viendo las noticias para que no me sienta ansioso por lo que no puedo controlar.

No te concentres en lo que no puedes controlar

- ▶ Si los miembros de mi familia empiezan a hablar de política, cambiaré de tema.
- ▶ Cuando me empiece a preocupar por las decisiones de otras personas, respiraré profundo y recordaré que mi labor es ser un buen modelo de comportamiento, no decidir por los demás.

¿Qué paso te ayudaría a empezar a concentrarte solo en lo que sí puedes controlar?

¿Qué notarás en ti mismo cuando empieces a concentrarte en lo que sí puedes controlar?

¿Cómo cambiará tu vida?

Cuando DEJÉ de complacer a los demás...

Me di permiso para decir que NO y para sentirme bien conmigo después de hacerlo.

Amy Woodley (36 años, Canadá)

Me liberé del peso que llevaba cargando sobre mis hombros y pude concentrarme en mi salud y en las cosas que necesitaba hacer para convertirme en una mejor versión de mí.

Jason Smith (35 años, Colorado)

Empecé a prestar atención a lo que quería obtener de la vida. Me di cuenta que mi labor era hacerme feliz a mí y que no necesitaba la aprobación de los demás.

Victoria Alan (31 años, Nueva York)

5

No te preocupes por complacer a los demás

Muchos lectores se describen a sí mismos como "personas que se pasan la vida tratando de complacer a los demás". Ya sea que siempre accedan a lo que se les pide o que dejen de hacer lo que ellos quieren en un esfuerzo por apaciguar a quienes los rodean, se sienten responsables por la manera en que se sienten los demás.

No es fácil liberarse de ser complacientes, pero lograrlo te dará la paz interna y la libertad que quizás hayas estado tratando de obtener al intentar hacer que todos los demás estén felices. La verdad es que tú no eres responsable de la felicidad de nadie más y cuando aprendes a centrarte en vivir de acuerdo con tus valores, te sentirás lo bastante cómodo contigo mismo como para resistirte a la necesidad de agradar a los demás.

¿CÓMO ES QUE TRATAS DE COMPLACER A TODO EL MUNDO?

En este capítulo discutiremos las razones por las que quizás seas una persona complaciente, cómo esto podría representarse en tu vida y veremos algunos ejercicios que te ayuden a dejar de tratar de hacerlo. Antes de que entremos en materia, analicemos las formas en las que tal vez estés tratando de complacer a todo el mundo. Examina las siguientes afirmaciones y coloca una palomita junto a las que pienses que mejor te describen.

- ○ Accedo a hacer cosas que no quiero hacer.
- ○ Finjo estar de acuerdo con las personas incluso cuando no es así.
- ○ Respondo a preguntas diciendo "No me importa", incluso cuando eso no es verdad.
- ○ Hago cosas porque pienso que con ello agradaré a otras personas.
- ○ Me preocupa publicar en redes sociales porque no quiero ofender a nadie.
- ○ Se me dificulta tomar decisiones porque me preocupa lo que los demás puedan pensar.
- ○ Solo comparto mis opiniones cuando sé que los demás coincidirán conmigo.
- ○ Hago un gran esfuerzo por congeniar con todos a mi alrededor.

No te preocupes por complacer a los demás

- ○ De manera automática, concedo a lo que se me pide.
- ○ Paso mucho tiempo tratando de adivinar cómo se sienten los demás y tomo decisiones con base en lo que pienso que los hará sentir más felices.

Da algunos ejemplos de formas en las que tratas de complacer a los demás.

¿Qué tipos de pensamientos contribuyeron a tu complacencia?

¿Cómo te sientes cuando estás tratando de complacer a todo el mundo?

Complacer a los demás vs. ser amable

En ocasiones, los lectores de *13 cosas que las personas mentalmente fuertes no hacen* me preguntan: "¿Acaso no debería tratar de complacer a algunas de las personas en mi vida?". Por supuesto. Quizás sorprendas a tu pareja con un regalo que sabes que le gustará, o elijas ayudar a una amistad con un proyecto casero aunque hay millones de maneras en que preferirías pasar un sábado.

Hacer cosas amables por los demás por pura bondad es una cosa; perder de vista quién eres con tal de tratar de hacer que todo el mundo a tu alrededor sea feliz, es diferente.

COMPLACER A LOS DEMÁS	SER AMABLE
Actuar por culpa o temor.	Actuar por un deseo genuino de ayudar.
Sentirse responsable de los sentimientos de los demás.	Permitir que los demás asuman la responsabilidad de sus sentimientos.
Sentir que los demás se están aprovechando de ti.	Establecer límites.
Decir que sí por sentirte obligado a hacerlo.	Decir que sí a las cosas que son acordes con tus valores.
Dejar de lado las propias necesidades.	Honrar las propias necesidades y equilibrarlas con las de los otros.

No te preocupes por complacer a los demás

Menciona un ejemplo de alguna ocasión en que pensaste que estabas siendo amable cuando en realidad estabas complaciendo a los demás.

Sin embargo, intentar hacer felices a los demás, a expensas de tu propio bienestar, es una batalla perdida. No puedes "hacer" que nadie se sienta feliz. La mejor manera de tener una influencia positiva en los demás es ser la mejor versión de ti, no una copia de ellos.

> *Cuando la vida de alguien no está yendo bien o no se sienten felices, quiero entrar en acción para arreglar las cosas. Sin embargo, hacerlo en muchas ocasiones me ha enseñado que nada bueno puede salir de eso. Puedo darle mi apoyo a la gente, pero no es mi trabajo tratar de hacerlos felices. Ellos tienen que buscarlo por sí mismos.*
>
> BRIANNA FOSTER (31 años, Nevada)

¿POR QUÉ TRATAS DE COMPLACER A TODO EL MUNDO?

Desde inseguridades arraigadas hasta hábitos que se han desarrollado poco a poco con el paso del tiempo, hay infinidad de razones por las que podrías convertirte en una persona complaciente. Toma algunos minutos para pensar en las razones por las que tratas de complacer a la gente. Coloca una palomita junto a las afirmaciones que te suenen conocidas y llena la línea vacía con cualquier otra razón que no se haya mencionado.

- ○ Me hace sentir bien (de manera temporal).
- ○ Quiero agradarle a la gente.
- ○ Me da miedo que los demás me rechacen si no hago lo que quieren.
- ○ Le temo a los conflictos.
- ○ Me aterra que la gente me abandone.
- ○ Levantar la voz requiere de demasiada energía.
- ○ No quiero parecer egoísta.
- ○ Simplemente es más fácil hacer lo que los demás quieren.
- ○ Ni siquiera sé lo que quiero yo.
- ○ _____.

¿Qué emoción incómoda estás tratando de evitar cuando intentas complacer a los demás?

LA HISTORIA DE BRANDON

Brandon acudió a mi consultorio por la insistencia de su esposa, Anita. Ella lo acompañó en la sesión para explicarme sus inquietudes.

Una de las razones por las que Anita se enamoró de Brandon fue porque era amable y generoso. Sin embargo, al paso de los años, empezó a frustrarle el hecho de que siempre ayudara a los demás; incluso, sentía que lo hacía a expensas de ella.

Tenían diversos proyectos que Brandon podría hacer en la casa, pero Anita dijo que sentía que tenía que tomar un turno y esperar en fila para que arreglara alguna fuga de agua o para que cambiara el foco de una lámpara.

Esto ocasionaba tensiones en su relación. Anita sentía que Brandon necesitaba decirles que no a los demás con mayor frecuencia. Brandon no estaba de acuerdo con Anita, pero amaba a su esposa y accedió a asistir a terapia.

Uno de los ejercicios que hicimos durante el tratamiento fue aclarar los valores de Brandon (un ejercicio acerca del que averiguarás un poco más adelante en este capítulo). A Brandon le importaba su matrimonio y también ayudar a los demás pero no quería hacerlo a expensas de su relación.

No obstante, un problema era que sentía que las personas dependían de su ayuda. Fuera que se tratara de un vecino de la tercera edad que quisiera instalar un lavavajillas nuevo o un miembro de la familia que necesitara su asistencia para reconstruir su patio, se sentía obligado a decir que sí.

De manera que empezamos a hablar acerca de cómo cada "sí" significaba que estaba diciendo que "no" a algo más.

Siempre que accedía a ayudar a alguien, estaba negándose a pasar tiempo con su esposa o a hacer algo que ella le había pedido.

Cuando lo entendió de esa manera dentro de su cabeza, su comportamiento cambió. Pudo empezar a decir que "sí" con mayor frecuencia a sus propias necesidades y a las de su esposa. Eso significó que hubo ocasiones en que se negó a otras situaciones, pero también significó que podía vivir en consonancia con sus valores y con la alta prioridad que tenía su relación.

Solo se necesitaron algunas sesiones para que Brandon creara cambios en su comportamiento. Pronto me informó que había menos tensión en casa y que la relación con su esposa era más feliz, una vez que dejó de tratar de complacer al mundo entero.

> *Aprendí a asumir mis decisiones y a defenderlas. No siempre existe una respuesta correcta para cada situación. Tomo la mejor decisión que puedo con la información que poseo en el momento. Quizá lo haría de manera diferente después, pero a la próxima tendré la información que derive de mi experiencia presente.*
>
> Ashley (29 años, Oregón)

EJERCICIOS DE FORTALEZA MENTAL

Si es frecuente que caigas en la trampa de la complacencia, hay muchos ejercicios que pueden ayudarte a aumentar tu fortaleza mental. A medida que lo hagas, desarrollarás la valentía que necesitas para vivir de acuerdo con tus propios valores y podrás tolerar los sentimientos de incomodidad que surjan cuando los demás no estén de acuerdo con lo que elijas. A continuación encontrarás algunos de mis ejercicios favoritos para evitar que trates de complacer a todo el mundo.

Separa el autocuidado del egoísmo

Existe una enorme diferencia entre cuidar de ti y ser egoísta, pero hay ocasiones en que la gente toma la idea de que no están aquí para complacer a los demás un poco en la dirección equivocada. Es importante que respetes tus propias necesidades al tiempo que consideras las necesidades de quienes te rodean.

A continuación te comparto algunas situaciones para que consideres cómo podrías establecer ese equilibrio.

Cumplir tus compromisos

Hay ocasiones en que nos comprometemos a demasiado y hay veces en que tratar de liberarnos hace todo el sentido del mundo. Es posible que rechaces una invitación a la que ya habías accedido o que tengas que admitir que incumplirás con una fecha límite. Y, en ocasiones, dichas acciones tendrán un efecto mínimo sobre otros. En realidad, es posible que a nadie le importe que no te presentes a ese evento corporativo al que dijiste que asistirías. En esos casos, cambiar de opinión podría ser un ejemplo de autocuidado saludable.

Si hiciste una promesa, cumplirla no te hace complaciente; estás honrando tu palabra. Ahora me encuentro con muchas personas que tras faltar con sus compromisos dicen estar cuidando de sí mismas, aunque el cambio de opinión se produzca de último minuto y afecte a otras personas. De modo que habrá ocasiones en que decidas obligarte a cumplir aunque no tengas ganas de hacerlo porque eso es lo correcto. En última instancia, puedes pensar en ello como una experiencia de aprendizaje que te enseñe a no comprometerte con demasiadas cosas a futuro.

<u>¿Con qué frecuencia te comprometes a demasiadas cosas? ¿Qué pasos puedes tomar para trabajar en esto?</u>

Ser honesto

Considera tus valores en torno a la amabilidad y la franqueza. Por ejemplo, digamos que alguien te pregunta: "¿Te gusta mi camisa nueva?", y la verdad es que no te agrada. ¿Le dices que se le ve fantástica para complacerla? ¿Te muestras brutalmente honesto y dices que la odias? ¿O das una respuesta que quede más o menos a medio camino, algo como: "Te queda muy bien, pero los colores me parecen muy brillantes"?

No es necesario que digas lo que la gente quiere oír pero, por otro lado, no siempre tienes que compartir tu opinión sin

No te preocupes por complacer a los demás

tapujos si va a herir los sentimientos de alguien más. Piensa en cómo podrías encontrar un equilibrio entre mostrarte honesto y ser amable en las siguientes situaciones:

<u>Tu colega te pregunta: "¿Te gustó la presentación que di en la junta de hoy?". A ti te pareció aburrida. ¿Qué podrías decirle?</u>

<u>Tu amiga te dice que está pensando en renunciar a su trabajo para dedicarse al arte. A ti te parece que sería un riesgo enorme. De verdad quiere que le des tu opinión. ¿Qué le dirías?</u>

No es tu trabajo decirles a las personas lo que quieren oír. Sin embargo, no necesitas ser brutalmente honesto cuando tu opinión no le sea de utilidad a alguien. No obstante, averiguar dónde establecer esos límites es más arte que ciencia.

Aclara tus valores

A menudo, tratar de complacer a los demás proviene de no conocer tus valores. Después de todo, resulta difícil atenerte a un plan si de manera constante te ves desviado del mismo por las opiniones de alguien más en cuanto a qué es lo que importa. Pero cuando sabes cuáles son tus propios valores, es más fácil desechar las contribuciones de los demás.

Hace algunos años, di un taller en una escuela. Durante el día, me reuní con estudiantes de secundaria. Les pregunté: "¿Sus padres preferirían que su maestro dijera que son la persona más inteligente del salón o la más amable?".

Esa misma noche, me reuní con los padres y les pregunté qué era lo que preferirían oír: que sus hijos eran los más inteligentes o los más bondadosos. Casi todos los padres dijeron que preferirían que se dijera que eran los más bondadosos. Los desafié a que regresaran a casa y les preguntaran a sus hijos lo que ellos preferirían.

No existe una respuesta correcta o incorrecta a la pregunta de si preferirías que tus hijos fueran los más amables o los más inteligentes, pero es importante saber cuál es tu respuesta para que puedas estar seguro de que estás viviendo de acuerdo con tus valores.

Es probable que los padres les hayan preguntado a sus hijos mucho más sobre sus tareas y calificaciones que sobre cómo se comportaban con los demás niños durante el recreo. Así que incluso si valoraran más a la amabilidad, es posible que no lo hayan demostrado.

Céntrate en lo que de verdad importa. Si tu hijo está haciendo la tarea y le habla llorando alguno de sus compañeros, ¿es correcto que deje de trabajar para ayudar a esa persona? ¿O debería regresarle la llamada a su amigo después de terminar los deberes?

Por todas partes se publican ejercicios en los cuales se te pide que elijas lo que más te importa, pero muchas de

No te preocupes por complacer a los demás

ellas complican las cosas de forma excesiva. Después de todo, ¿cómo decides qué es más importante: la honestidad o el respeto? Son cualidades que van de la mano.

De modo que a continuación hay un sencillo ejercicio para aclarar tus valores. Piensa acerca de estos principales dominios en tu vida y considera qué valor les das:

1. *Trabajo/voluntariado*: ¿qué tan importante es tu trabajo remunerado, cuidar de tu familia, el trabajo voluntario y las cosas que haces por tu comunidad? ¿Qué tan importantes son estas cosas para ti? ¿Qué cualidades llevas contigo a tu trabajo? ¿Qué tan gratificante es tu labor?

2. *Relaciones*: ¿cuánto valoras las relaciones con tu familia nuclear, con tu familia extendida, tus amigos, compañeros de trabajo y otros contactos sociales? ¿Qué tipos de cambios te gustaría hacer en tus relaciones? ¿Qué cualidades personales llevas contigo a esas relaciones?

3. *Bienestar*: ¿cuánto tiempo quieres dedicar a tu bienestar espiritual, salud mental, salud física y cualquier otra cosa relacionada con tu superación personal y tu bienestar?

4. *Esparcimiento*: ¿qué tan importante es que tengas tiempo para jugar y relajarte? ¿Tienes pasatiempos, actividades de ocio y expresiones creativas?

¿Qué otras cosas tienen mucho valor para ti? ¿Dinero? ¿Contribuir a la sociedad? Describe algunas otras cosas que te sean importantes.

No te preocupes por complacer a los demás

¿Tu tiempo y la manera en que gastas tu dinero reflejan que valoras esas cosas?

¿Cuándo te sientes tentado a comprometer tus valores para hacer feliz a alguien más?

¿Cómo es que tener tus valores en mente evita que trates de complacer a los demás?

Identifica a las personas con quienes puedas hablar

Cuando estés reflexionando sobre una decisión, como mudarte o comprar un coche nuevo, no necesitas preguntarles a todos los que te rodean para asegurarte de que coincidan contigo. Sin embargo, poder discutir tus ideas con un amigo o familiar en quien confías puede ser de utilidad. Esto es especialmente cierto en el caso de decisiones emocionales. Tus emociones pueden nublar tu juicio.

Pedirle a alguien más que te dé su opinión te puede ayudar a ver riesgos que quizás hayas pasado por alto o beneficios potenciales que podrías no estar tomando en cuenta.

Es importante que te percates de que no todo el mundo está calificado para darte recomendaciones en cada una de las áreas de tu vida. Tu abuela tal vez te ofrezca mucha sabiduría en cuanto a relaciones se refiere, pero no significa que deberías seguir sus recomendaciones de negocios. Sin embargo, en general, trata de identificar a las personas que procuren tu bien. Estas son las personas centrales a las que puedes acudir cuando tengas problemas. Eso no significa que sea tu trabajo tratar de complacerlas, pero sí quiere decir que puedes tomar sus opiniones en consideración.

¿Quiénes son las cinco personas cuyas opiniones de verdad te importan y qué tipo de consejo es más probable que busques de ellas (empresarial, financiero, de amistad, romántico, de mejoras en el hogar, consejos generales para la vida, etc.)?

1. _____
2. _____
3. _____
4. _____
5. _____

No te preocupes por complacer a los demás

> *Sentí una completa sensación de alivio. Necesitaba reconocer que no era sano complacer a todo el mundo todo el tiempo y no valorar la forma en que mis "síes" me afectarían. Ahora, trato de reflexionar acerca de mi motivación antes de decir que sí o de hacer algo que podría ser complaciente. Deseo serles de ayuda a las personas y tengo mucha empatía, pero es importante mantener un equilibrio.*
>
> Casey Morlet (36 años, California)

Desarrolla un mantra

Crea una breve frase o lema que puedas repetirte cuando te veas tentado a complacer a los demás. Logrará silenciar los pensamientos negativos y te ayudará a reducir algunos de esos sentimientos de incomodidad, como ansiedad o tristeza.

También puede ayudarte a prevenir que caigas en tus hábitos preferidos de complacencia. Si tiendes a decir que sí a todo lo que se te pide, tu mantra podría ser "detente y piensa". Repetir esa frase en silencio cuando alguien te pide un favor podría protegerte de acceder a cosas que no quieres hacer. En lugar de complacer de manera automática, quizás puedas decir: "Déjame pensarlo y te aviso después".

En una ocasión, trabajé con una mujer cuyo mantra era "respétate". Su pareja le hacía demandas poco razonables y era frecuente que cediera a ellas porque quería evitar conflictos. Pero una vez que empezó a repetir "respétate" con la frecuencia suficiente, pudo resistirse cuando él trataba de dominarla. Dijo que le recordaba que su trabajo era tratarse a sí misma de manera respetuosa, aunque él no lo hiciera, y la ayudó a dejar de tratar de hacerlo feliz.

A continuación enlisto algunos ejemplos de otros mantras que podrían ayudarte a dejar de tratar de complacer a todo el mundo:

- ▶ Mis sentimientos cuentan.
- ▶ Mis opiniones importan.
- ▶ Tengo derecho a decir que no.
- ▶ Sé cómo manejar a la gente cuando está enojada.
- ▶ A nadie más tiene que gustarle.
- ▶ Solo respira.
- ▶ No tengo que agradarles. Es más importante que yo me agrade a mí.

Ahora, te toca crear un mantra personal. Claro que puedes tomar uno prestado de la lista anterior o crear tu propio lema que repetirás siempre que te sientas tentado a complacer a los demás.

¿Cuál va a ser tu mantra? ¿Cuándo es más probable que tu mantra te sea de utilidad?

No te preocupes por complacer a los demás

LA TAREA PARA ESTA SEMANA

Esta semana, cuando digas que sí a diferentes cosas, pregúntate a qué otras les estás diciendo que no. Podría ser lo que sea, desde tiempo de televisión con la familia a ir al gimnasio. Pero si el sí se ha convertido en tu respuesta por defecto a todo, podría ser de utilidad que establezcas el hábito de identificar a lo que en realidad le estás diciendo que no dentro de tu vida.

Crea tu plan para dejar de complacer a todo el mundo

¿Qué cosas puedes hacer para tratar de dejar de complacer a todo el mundo?

- ○ Aclarar mis valores.
- ○ Decir que no a peticiones que no quiero hacer.
- ○ Compartir mi opinión.
- ○ Levantar la voz cuando hieran mis sentimientos.
- ○ Pedir lo que necesito.
- ○ Establecer límites sanos con los demás.
- ○ Practicar tolerar la incomodidad que siento cuando la gente se molesta conmigo.
- ○ _____.

Ahora, identifica algunos pasos claros que puedas empezar a tomar. Estos pequeños pasos pueden servir de mucho para ayudarte a vivir de acuerdo con tus valores, incluso cuando otras personas no estén felices con tus decisiones. A continuación verás algunos pequeños pasos que podrías tomar:

▶ Si mis amigos me presionan para que salga con ellos después de haberles dicho que no, volveré a hacerlo con más firmeza.

▶ Cuando mi hija me trate de hacer sentir culpable para que le preste dinero, le diré que no.

▶ Cuando mi colega me pida un favor porque no hizo su propio trabajo, me negaré a ello.

▶ Cuando mis amigos me pregunten a dónde quiero ir a comer, sugeriré un restaurante en lugar de decir: "Cualquiera, no importa".

▶ Dejaré de pedir la opinión de otros acerca de lo que debería hacer en relación con mi situación laboral y lo decidiré por mi cuenta con base en lo que piense que es lo mejor para mí.

¿Qué paso puedes tomar para dejar de tratar de complacer a todo el mundo?

No te preocupes por complacer a los demás

¿Qué notarás de ti una vez que dejes de tratar de complacer a todo el mundo?

¿En qué cambiará tu vida cuando dejes de tratar de complacer a todo el mundo?

Cuando DEJÉ de tener miedo de arriesgarme...

Empecé a ver cada desafío y obstáculo como una oportunidad para crecer, descubrir y aprender más acerca de mí mismo y de aquello de lo que soy o no capaz. Eso me ha ayudado a saber en qué debo centrarme y qué es lo que necesita de mayor atención y esfuerzo. Aprendí a ver cada oportunidad como una lección y, al final, siempre hay algo que aprender.

SARA AL YASIN (22 años, Virginia Occidental)

Me di cuenta de que las cosas salen mejor de lo que predigo.

BRUCE MONTEIRO (53 años, California)

Sentí que por primera vez estaba viviendo de verdad. Fue atemorizante, divertido y emocionante. En realidad, ahora me siento más en control porque no desperdicio mi tiempo preocupándome por las cosas malas que podrían suceder.

ANTHONY RIVAS (43 años, Nueva York)

6

No temas arriesgarte

Es normal que disfrutes de los riesgos en ciertas áreas de tu vida, pero no en otras. A una persona podría gustarle tomar riesgos financieros, pero quizás se le dificulte arriesgarse en sentido social. Otra tal vez guste de los riesgos físicos (triatlones y montañismo), pero jamás se imaginaría arriesgándose en el terreno de lo profesional.

En alguna ocasión, uno de mis pacientes me preguntó: "¿Por qué la gente dice que debes salirte de tu zona de confort? Yo de por sí me siento incómodo todo el tiempo. Lo único que quiero es sentirme mejor". Por medio de terapia, pudo reconocer cómo ese deseo de sentirse cómodo y de evitar riesgos era, de hecho, la raíz de sus problemas. Tomar algunos riesgos adicionales en su vida le dio la confianza de que podía tolerar la incomodidad de vez en cuando.

Una vida feliz no proviene de la ausencia de riesgos o desafíos. En realidad, mucha sabiduría y fortaleza proviene de los retos a los que nos enfrentamos.

¿CÓMO EVITAS TOMAR RIESGOS CALCULADOS?

En este capítulo te explicaré por qué podrías aceptar algunos riesgos y no otros. También te enseñaré cómo calcular los riesgos para que puedas reducir tu temor y aumentar tu valentía. Antes de que empecemos a ver qué hacer frente a un riesgo, averigüemos la manera en que la aversión a los riesgos se presenta dentro de tu propia vida. Tómate algunos minutos para analizar las siguientes afirmaciones y pon una palomita junto a aquellas que te parezca que mejor te describen.

- ○ Evito cualquier cosa que me parezca atemorizante.
- ○ Guardo mi dinero en los sitios que más seguros me parecen (el banco, fondos de retiro de bajo riesgo, etc.).
- ○ Me cuesta trabajo dejar que otros lleguen a conocerme porque siento que es arriesgado contarles a otras personas acerca de mi vida personal.
- ○ Se me dificulta que mis conocidos se conviertan en amigos porque jamás estoy del todo seguro de agradarle a la gente.
- ○ Una vez que me embarco en algo, no me gusta darme por vencido, incluso cuando el panorama no parece favorable, porque no quiero desperdiciar todo el tiempo y esfuerzo que ya invertí.
- ○ Es poco probable que pida un aumento, que solicite un ascenso o que trate de avanzar demasiado en mi trayectoria profesional porque me da miedo que me rechacen.

No temas arriesgarte

○ Cuando la gente me cuenta sobre los negocios que están emprendiendo o las metas importantes que están fijándose, de inmediato pienso en todo lo que podría salir mal.

Da un ejemplo de un riesgo que te pareció atemorizante (sea que lo hayas tomado o no).

¿Qué pensaste acerca de ese riesgo y de tus probabilidades de éxito?

¿Cómo influyeron tus pensamientos y emociones en tu comportamiento?

Evitar riesgos vs. arriesgarse demasiado

Mientras que algunas personas hacen hasta lo imposible por evitar lo que sea que parezca apenas riesgoso, otras se arriesgan de manera impulsiva siempre que pueden.

A menudo, la razón para ambos extremos es la misma: el deseo de evitar la incomodidad. Para algunas personas, analizar la posibilidad de invertir en la bolsa de valores se siente como algo abrumador. En lugar de pasar incontables horas de angustia tratando de averiguar las opciones que tienen disponibles, arriesgan todo su dinero en una sola cosa y ruegan que funcione.

> *Siempre me recuerdo que las cosas podrían salir mejor de lo que puedo imaginar y, a menudo, cuando considero las verdaderas desventajas o consecuencias de arriesgarme a algo, me doy cuenta de que no son tan malas como me convencí que eran.*
>
> MADDIE SMITH
> (22 años, Iowa)

De manera similar, otras personas se atreverían a probar un tratamiento alternativo para algún problema médico sin analizar los riesgos potenciales. Quizás piensen que investigar los contras levantaría dudas, por lo que prefieren enterrar la cabeza en la arena y ni siquiera verlas.

Es importante que tomes riesgos de manera informada. Cuando aprendas a calcular el riesgo y te sientas confiado en tu capacidad para manejar el desenlace, podrás desafiarte para crear la mejor versión de tu vida.

No temas arriesgarte

¿Por qué temes arriesgarte?

Ya sea que estemos hablando de un riesgo social o financiero, arrojarse al vacío puede resultar difícil. Sin embargo, las razones por las que las personas evitan los riesgos son muy variadas. Tómate un minuto para pensar en las razones por las que temes arriesgarte y pon una palomita junto a cada afirmación que se aplique a ti.

- ○ Pienso que el rechazo, la vergüenza y el fracaso son intolerables.
- ○ Prefiero mantener niveles bajos de ansiedad que tomar un riesgo que podría no rendir frutos.
- ○ Paso mucho tiempo pensando en las peores consecuencias posibles.
- ○ Pienso que tengo mala suerte.
- ○ Ya salí lastimado antes y no quiero que vuelva a suceder.
- ○ Sobreestimo las probabilidades de que algo salga mal.
- ○ Subestimo mi capacidad para manejar un desenlace fallido.
- ○ _____.

¡Paso a pasito! Al principio, solo fue participar en una junta. Siempre me aterró hacerlo porque pensé que diría algo que me hiciera ver incompetente. Una vez que lo haces algunas veces y te das cuenta

> *que está bien participar, te sientes más confiado de volverlo a hacer a futuro. Aprendes que todo el mundo tiene algo que contribuir y que no tiene nada de malo sentirte vulnerable.*
>
> Heather Tabin (57 años, Canadá)

LA HISTORIA DE CHRISTY

Christy acudió a mi consultorio porque se sentía deprimida. Tenía 35 años, vivía sola, tenía un empleo estable y, en términos generales, le agradaba su vida. Se sentía frustrada por esta depresión que no cedía. Aunque no era muy intensa, en realidad nunca sentía alivio de la misma.

Pasamos varias semanas hablando acerca de sus síntomas y de los problemas que le ocasionaban. A medida que llegué a conocerla, algo se volvió más que evidente. Era una persona muy ansiosa, pero se esforzaba al máximo para evitar las cosas que la hicieran sentir así.

Las situaciones sociales le causaban ansiedad, de modo que creó una vida que le permitía evitar una gran cantidad de contacto social. Trabajaba desde casa. Llevaba a cabo la mayoría de sus interacciones en línea. Cuando necesitaba salir de casa, para ir a la tienda, por ejemplo, se dirigía a un almacén que estaba abierto las 24 horas del día para que pudiera ir a mitad de la noche, cuando había muy pocas personas.

Tenía un par de amistades cercanas y por lo general las invitaba a su casa para que vieran alguna película o para cenar. Muy de vez en cuando la convencían de salir al cine o a un restaurante.

No temas arriesgarte

En esencia, había creado un estilo de vida que le ayudaba a manejar su ansiedad de manera excelente. Por desgracia, ese mismo estilo de vida aumentaba sus probabilidades de depresión. Sus días eran muy predecibles y rara vez tomaba cualquier tipo de riesgo.

Pasaba la totalidad de su existencia a la defensiva. Para garantizar que nada malo le sucediera, hacía hasta lo imposible para no arriesgarse. A menudo decía cosas como: "No quiero comprar una casa porque el mercado inmobiliario podría desplomarse" y "No quiero desperdiciar mi tiempo saliendo en citas porque, de todas maneras, las relaciones rara vez funcionan".

Una vez que estos patrones se volvieron evidentes (Christy ni siquiera se había percatado de lo que hacía), exploramos por qué era tan importante para ella no arriesgarse. Resultó que fue educada por una madre muy ansiosa. Su mamá siempre le señalaba el peor resultado posible de todo. Le advertía a Christy todas las cosas horripilantes que podían suceder; incluso las que eran muy poco probables, como contraer enfermedades raras o que la secuestrara algún desconocido. Evitaba que Christy pudiera hacer muchas actividades normales, como jugar en el parque o ir a casa de sus amiguitas.

Desde muy pequeña, Christy aprendió que la mejor manera de evitar que sucedieran cosas malas era siempre evitar cualquier riesgo. No arriesgarse también le ayudaba a evitar la incertidumbre y los sentimientos normales de ansiedad que podían acompañar a los riesgos saludables, como invertir su dinero o salir a una cita romántica.

Dentro del tratamiento se esforzó por aprender a tolerar la ansiedad de manera gradual. Hablamos sobre los síntomas que experimentaba cuando se sentía ansiosa y de las habilidades que podía utilizar para manejar esos síntomas físicos y emocionales.

También discutimos las "falsas alarmas" en un ejercicio que te compartiré más adelante. En esencia, esto la ayudó a reconocer que tanto su cuerpo como su cerebro a veces respondían a los inconvenientes menores como si se trataran de situaciones de vida o muerte. Comprender que no estaba en ningún peligro real la ayudó a tolerar sus síntomas de mejor manera.

Empezó a tomar riesgos mínimos, un paso pequeño a la vez. Salió de su casa con un poco más de frecuencia. Se desafió a conocer gente nueva y empezó a probar cosas novedosas.

No fue fácil para ella. Todos estos cambios le provocaron una buena cantidad de ansiedad; sin embargo, estar más activa ayudó con su depresión y se obligó a seguir trabajando en ello.

Al paso de los meses, Christy hizo avances notables. Empezó a tomar clases de yoga, se ofreció a trabajar como voluntaria en un refugio animal de su localidad e hizo planes para irse de viaje de fin de semana con una amiga. Para cuando terminamos las sesiones, ella estaba segura de que podía tomar algunos riesgos en su vida y, además, tuvo la confianza de que podría tolerar esos riesgos incluso si las cosas no resultaban como ella quería. Sabía que sentirse un poco ansiosa e insegura no era tan malo como lo había pensado antes.

No temas arriesgarte

EJERCICIOS DE FORTALEZA MENTAL

Es importante que aumentes tu confianza en ti mismo si quieres dejar de tener miedo de arriesgarte. Por fortuna, existen muchos ejercicios que pueden ayudarte a mejorar el cálculo de riesgos y que te ayudarán a tolerar la ansiedad que acompaña a la toma de riesgos. A continuación veremos mis ejercicios favoritos para aumentar la fortaleza mental que necesitas para sentirte cómodo al tomar riesgos calculados.

Reconoce tus alertas de ansiedad

Todos tenemos alertas de ansiedad. Se supone que deben dispararse cuando estamos en peligro. Cuando suena una de esas alarmas, tu cerebro le indica a tu cuerpo que se ponga en alerta máxima. Entonces, puedes tomar la acción requerida para ponerte a salvo.

Eso sería de enorme utilidad si estuvieras en una situación de vida o muerte. Tus alertas de ansiedad te salvarían la vida.

Sin embargo, en el mundo actual, no nos enfrentamos a las mismas situaciones de vida o muerte a las que se enfrentaron nuestros ancestros. No duermes en una cueva con depredadores hambrientos acechando en todas direcciones. Sin embargo, tu cerebro podría seguir respondiendo a las situaciones estresantes como si fuesen amenazas de muerte. En la actualidad, la mayoría de nosotros cuenta con alertas de ansiedad bastante defectuosas. Suenan cuando nuestro amigo no responde un mensaje de texto inmediatamente o se disparan en el segundo en que recibimos un correo electrónico del jefe donde anuncia: "Tenemos que reunirnos", aunque tu vida no depende de que tu amigo te responda ni de que conserves tu trabajo.

Resulta fácil pensar que si nos sentimos muy ansiosos es porque nos enfrentamos a algo que debe ser en verdad arriesgado, aunque eso no sea cierto. Esa es la razón por la que es tan importante que pongas a prueba tus alertas de ansiedad.

¿Qué le sucede a tu cuerpo cuando se disparan tus alertas de ansiedad?

- ⭘ Tu corazón se acelera.
- ⭘ No puedes pensar con claridad.
- ⭘ Tu rostro se enrojece.
- ⭘ Sientes náuseas.
- ⭘ Tu respiración se torna superficial y agitada.
- ⭘ Te sientes mareado.
- ⭘ _____.

Da un ejemplo de alguna ocasión en que experimentaste una falsa alerta.

No temas arriesgarte

Viejas señales de alertas de ansiedad que siguen disparándose

Todos experimentamos falsas señales de alerta. A veces es fácil reconocer una falsa alerta y la razón de la misma casi de inmediato.

Me llevó algo de tiempo descifrar mi propia señal de alerta de ansiedad, en parte porque era de lo más extraña. En el instante en que escucho el tema musical de *Los Simpson* se dispara mi alerta de ansiedad. Solo escribirlo hizo que empezara a reproducir el principio del tema en mi cabeza y, tan pronto como lo hice, mi estómago dio un vuelco. Pero sin importar dónde me encuentre, si hay un televisor en otra habitación y oigo ese tema musical, de inmediato me empiezo a sentir físicamente enferma a pesar de que, de pequeña, me encantaba ese programa.

Esta es la razón: de niña detestaba la escuela. Siempre que alguna maestra preocupada o que mis papás trataban de hacer que identificara exactamente qué era lo que odiaba de la escuela, no podía hacerlo. Lo único que se me ocurría decir era: "Es un día muy largo". Y era cierto. Para mí, un solo día en la escuela se sentía como cuatro años. Hubo momentos en que odiaba tanto la escuela que vomitaba por las mañanas.

Me encantaban los viernes por la noche porque ¡no tendría que ir a la escuela dos días enteros! Esa era la mejor sensación posible.

Pero sabía que el fin de semana había llegado a su fin la noche del domingo, cuando pasaban el programa de *Los Simpson*. Escuchar el tema del programa significaba que casi era lunes por la mañana... y que tendría cinco largos días de escuela frente a mí.

Curiosamente, *Los Simpson* es uno de los programas que más tiempo lleva al aire en televisión y sigue transmitiéndose los domingos por la noche. Y aunque no he tenido que ir a la escuela el lunes por la mañana desde hace muchísimo tiempo, mi señal de alerta de ansiedad sigue disparándose con fuerza en el instante en que empieza a sonar la música.

Estos días, no tardo en recordarme que es una falsa señal de alerta. Es solo que mi cuerpo reacciona al tema de la misma manera en que los perros de Pávlov salivaban cuando escuchaban sonar la campanita. Y aunque es molesto que siga sucediendo, ya no es la gran cosa. Solo recuerdo que mi cerebro y mi cuerpo asocian el tema con la escuela y lo convierto en una oportunidad para dar las gracias por el hecho de que jamás tendré que regresar ahí de nuevo.

Algunas personas experimentan señales de alerta mucho tiempo después de sucesos traumáticos. Si algo malo te sucedió cuando tocaban alguna canción de fondo, es posible que dicha canción dispare estas señales de tu cuerpo cada vez que la escuches. O si te sucedió algo malo cuando había una vela aromática de especias de tarta de calabaza cerca de ti, ese aroma podría disparar una señal de alerta incluso si estás perfectamente a salvo. Si experimentas falsas alertas que se derivan de algún trauma, considera buscar ayuda profesional. Un profesional de la salud mental podría ayudar a reentrenar tu mente y tu cuerpo para lidiar con las señales de alerta que puedan interferir con que vivas la mejor versión de tu vida.

¿Hay imágenes, sonidos, sabores o experiencias que hagan que se disparen las señales de alerta de tu cuerpo aunque estés a salvo?

Tus falsas alertas

Sin embargo, las falsas alertas no solo se asocian con malos recuerdos o experiencias traumáticas.

Es posible que si te piden que hagas una presentación frente a cientos de personas, tu cerebro y tu cuerpo reaccionen de la misma manera en que lo harían si estuvieras colgando de un precipicio, aunque hablar en público en realidad no te ponga en ningún peligro físico.

Tal vez reproduzcas una conversación una y otra vez en tu mente y repienses todo lo que dijiste antes en el día. Quizás empieces a cuestionarte si ofendiste a la otra persona o si dijiste algo que pudiera hacerte ver tonto. Todos estos pensamientos podrían hacer que empieces a sentir una opresión en el pecho; señal clara de que está sonando tu alerta de ansiedad.

Las alertas de ansiedad son incómodas, de modo que es frecuente que afecten nuestro comportamiento. Quizás hagamos la presentación a todo correr o ni siquiera acudamos a ella. O tal vez le pidamos una y otra vez a otra persona que nos asegure que algo que hicimos fue aceptable. Al final de cuentas, esas alertas de ansiedad pueden atemorizarnos para evitar arriesgarnos, incluso cuando los riesgos sean de lo más saludables.

¿Qué circunstancias hacen que experimentes falsas alertas de ansiedad?

¿Qué medidas tomas o qué acciones evitas?

Empodera tu raciocinio

> *El mejor consejo que recibí fue: "Hazlo a pesar del miedo". No tengo que esperar a que desaparezca todo mi miedo antes de llevar a cabo alguna acción. Más bien, puedo sentir temor y hacerla de todas maneras.*
>
> ELANA J. (48 años, Texas)

Hay veces en que tememos a todas las cosas incorrectas. Suponemos que nuestro nivel de temor es equivalente al nivel de riesgo. En realidad, nuestro nivel de ansiedad no tiene nada que ver con el nivel de riesgo verdadero al que te enfrentas.

No temas arriesgarte

¿Qué te parece más atemorizante: conducir un coche 10 kilómetros por una calle o dar un discurso frente a miles de personas?

Si eres como la mayoría de la gente, dirás que el discurso te produce más temor. En realidad, te enfrentas a un mayor riesgo de muerte o lesión si conduces un auto que si te paras sobre un escenario. Sin embargo, la mayoría de nosotros ni siquiera dudaría antes de meterse en un auto y casi todos nosotros haríamos hasta lo imposible con tal de evitar hablar en público.

Reconocer que tu temor es irracional e injustificado puede ayudarte a colocar las cosas en perspectiva. No solo es posible que reduzca tu ansiedad, sino que también podría darte la confianza que necesitas para que puedas tolerar la ansiedad.

Saber que algo no es peligroso a nivel intelectual no siempre podrá disminuir tu ansiedad, pero sí puede aumentar tu valentía. Yo me siento mucho más dispuesta a enfrentar un miedo cuando conozco el nivel real de riesgo.

Vivo en un barco de vela. Muy de vez en cuando, alguien tiene que trepar por el mástil unos 20 metros de altura para reemplazar un foco o para ajustar la veleta (eso que muestra la dirección en la que está soplando el viento). Suelo ofrecerme a hacerlo porque me siento menos ansiosa si lo hago yo, que cuando veo a Steve subir hasta ahí (después de enviudar, prefiero no ver a Steve hacer cualquier cosa que parezca atemorizante). No me gustan las alturas, pero se han dispuesto una diversidad de sogas que hacen que subir sea una tarea muy segura. Recordarme que, en términos estadísticos, subir hasta allá arriba con todas esas sogas de seguridad atadas alrededor de mi cuerpo es mucho más seguro que manejar al supermercado, me hace encontrar el valor que necesito, aunque se sigue sintiendo riesgoso. De modo que, aunque mi nivel de temor es de 9/10, saber que mi nivel real de riesgo es más bien de 2/10 me da la valentía necesaria para hacerlo.

Es útil ver cómo tu nivel de miedo se encuentra fuera de proporción respecto al nivel real de peligro físico en el que te encuentras. Pasa algunos minutos pensando en qué tan atemorizantes se sienten estas actividades, contra el nivel de peligro físico en el que te ponen en realidad.

EVENTO	NIVEL DE TEMOR 1-10	RIESGO FÍSICO ESTIMADO 1-10
Conducir 10 kilómetros.	1	3
Dar un discurso frente a mil personas.		
Primer día de un nuevo trabajo.		
Invitar a un conocido a tomar café.		
Asistir a un evento de *networking* sin compañía.		

Llena el cuadro a continuación para incluir algunos eventos de tu vida que se sienten más arriesgados de lo que son en realidad.

EVENTO	NIVEL DE TEMOR 1-10	RIESGO FÍSICO ESTIMADO 1-10

No temas arriesgarte

EVENTO	NIVEL DE TEMOR 1-10	RIESGO FÍSICO ESTIMADO 1-10

¿Cómo puedes recordarte que debes examinar el verdadero nivel de riesgo al que te enfrentas en lugar de simplemente permitir que tu nivel de miedo dicte tus decisiones?

Crea un plan de contingencia

Quizás estés evitando tomar riesgos que tienen una alta probabilidad de disparar tus alertas de ansiedad. Ir a un evento de *networking*, asistir a una consulta con un terapeuta o inscribirte en algún curso podrían ser cosas que te niegues a hacer porque no quieres sentirte ansioso.

Pero la realidad es que sentirte ansioso (o experimentar cualquier otra emoción incómoda) no es el fin del mundo. Y las investigaciones muestran que podrás tolerarlo de mucha mejor manera si desarrollas un plan de contingencia, puedes hacerlo con la fórmula: "Si…, entonces…".

Por ejemplo, podrías evitar dar una presentación porque temes sentirte tan nervioso que olvides lo que querías decir. De modo que un buen plan de contingencia sería: "Si me pongo nervioso, me detendré un momento, respiraré hondo y echaré un vistazo a mis notas". A continuación enlisto algunos otros ejemplos; trata de llenar el resto del cuadro.

SI...,	ENTONCES...
Si no sé qué decir cuando esté hablando con alguien,	entonces le preguntaré dónde creció.
Si nadie me habla en el evento de *networking*,	entonces me acercaré a alguien y me presentaré.
Si mi compañero de trabajo me interrumpe,	entonces diré: "Todavía no terminaba esa idea", y seguiré hablando.
Si me siento nervioso cuando haga esa llamada telefónica,	

SI...,	ENTONCES...
Si el entrevistador me hace una pregunta y no sé cómo responderla,	
Si alguien empieza a hablar acerca de un tema que me incomoda en alguna reunión familiar,	
Si siento que mi médico no le está prestando atención a mis inquietudes,	

No temas arriesgarte

<u>Piensa en algunas cosas que no haces en tu vida porque temes que se dispararen tus alertas de ansiedad. Ahora, crea un plan de contingencia que pueda ayudarte a llevarlas a cabo.</u>

LA TAREA PARA ESTA SEMANA

Identifica un riesgo pequeño que quieras tomar esta semana. Podría ser cualquier cosa, desde inscribirte al gimnasio al que no te has atrevido a ir, hasta aceptar la invitación de un amigo a tomar café o, incluso, invitarlo tú a hacerlo; cualquier cosa que te parezca levemente riesgosa. Presta atención a las ideas que te vienen a la cabeza cuando piensas en ese riesgo, analiza tus emociones y practica enfrentarte al temor de tomar ese riesgo. Después, presta atención a lo que hayas aprendido de ti mismo en el proceso.

Crea un plan para dejar de temer arriesgarte

¿Qué pasos puedes tomar para dejar de temer arriesgarte?

- ○ Empezar a reconocer mis falsas alertas de ansiedad.
- ○ Empezar a considerar los riesgos con más lógica y menos emotividad.

○ Crear un plan de contingencia para ayudarme a lidiar con cualquier desenlace al que me enfrente.

○ Practicar con un riesgo pequeño a la vez.

○ Tomar medidas para reducir los riesgos a los que me enfrento.

○ Educarme para que le tenga menos miedo a algún riesgo.

○ _____.

Ahora, identifica una pequeña acción que puedas tomar para enfrentar tu miedo a un riesgo de manera directa. A continuación verás algunos ejemplos de pasos que alguien podría tomar para reducir su temor a los riesgos.

▶ Empezaré a investigar opciones de planes de retiro para que me sienta más cómodo con invertir mi dinero.

▶ Una vez por semana, invitaré a una persona para llevar a cabo alguna actividad social.

▶ Invitaré a una amistad a que me acompañe al gimnasio la primera vez que vaya para que pueda empezar a ejercitarme.

▶ Practicaré con una llamada telefónica al día hasta que hablar por teléfono ya no me atemorice tanto.

No temas arriesgarte

¿Cuál sería un paso que puedas llevar a cabo para tomar riesgos más calculados?

¿Qué notarás acerca de ti una vez que empieces a arriesgarte más?

¿Cómo cambiará tu vida?

Cuando **DEJÉ** de vivir en el pasado...

Pude reconocer que podía apreciar mi pasado al tiempo que seguía adelante hacia el futuro. Por mucho tiempo, batallé con el dolor que me provocaba el que muchas de las personas a las que amaba se estuvieran perdiendo de eventos y experiencias; ahora, agradezco que me dé cuenta de que mi futuro no tiene que morir junto con las personas de mi pasado.

Megan Bigler-Tafolla (35 años, Florida)

Me di permiso de perdonarme y seguir adelante. No puedo cambiar lo que ya sucedió, pero puedo elegir ser mejor.

Lucas Webber (33 años, Minnesota)

Pude empezar a aprender de las cosas que me sucedieron. Decidí ver mi pasado como una lección de la que podía aprender y no como un sitio en el que tuviera que permanecer atascada.

Alex Simmons (41 años, Michigan)

7

No vivas en el pasado

No tiene nada de malo que desempolves algunos recuerdos. Puede ser divertido rememorar el pasado con tus amigos o ver los viejos álbumes de fotografías con los miembros de tu familia. Pero si no tienes cuidado, mirar hacia esos tiempos de antaño podría convencerte de que tus mejores años ya quedaron atrás.

Sin embargo, esa no es la única razón por las que algunas personas viven en el pasado. Podrías hacerlo porque fue en ese entonces que sucedió algo angustioso. Quizás alguien te lastimó y no puedes perdonar a esa persona. O tal vez cometiste un error y no puedes perdonarte a ti mismo. Es posible que permitas que tus experiencias pasadas definan quién eres en la actualidad, lo que podría tener un impacto negativo sobre tu futuro.

¿CÓMO VIVES EN EL PASADO?

En este capítulo discutiremos formas sanas de reflexionar acerca de tu pasado sin atascarte en él. También veremos cómo es que un suceso traumático podría hacer que tu cerebro viva en el pasado y lo que puedes hacer al respecto. Y, claro está, profundizaremos en los ejercicios que te ayudarán a disfrutar del presente. Pero antes, identifiquemos las maneras en que quizás quedes atrapado en tu pasado. Coloca una palomita en las afirmaciones que mejor te describen.

- ○ Dentro de mi cabeza, revivo conversaciones que ya sucedieron una y otra vez (y, en ocasiones, pienso en todas las cosas que desearía haber dicho).
- ○ Paso mucho tiempo pensando en cómo vengarme de las personas que me lastimaron en el pasado.
- ○ Es frecuente que piense en lo distinta que sería mi vida si tan solo hubiera tomado decisiones diferentes.
- ○ Me castigo por mis errores pasados.
- ○ Tengo muchos arrepentimientos profundos acerca de los que pienso a menudo.
- ○ Culpo a mis padres y a mi infancia de muchos de mis problemas.
- ○ Me enfoco en momentos felices pasados de mi vida para evitar el dolor que sufro en la actualidad.
- ○ Paso mucho tiempo mirando viejas fotografías y rememorando el pasado.

No vivas en el pasado

¿En qué momentos te encuentras viviendo en el pasado?

¿Cómo te sientes cuando vives en el pasado?

¿Cómo es que vivir en el pasado afecta tu comportamiento?

Pensar vs. vivir en el pasado

No tiene nada de malo pensar en el pasado. De hecho, puede ser algo sano. Es posible que recordar tu pasado con viejos amigos te divierta mucho y pensar en el pasado también te puede ayudar a aprender de tus errores y obtener discernimientos relacionados con tu comportamiento.

No obstante, revivir sucesos terribles dentro de tu cabeza de manera constante no es bueno para tu salud mental. Rumiar sucesos pasados que te hacen sentir mal te mantiene estancado en un sitio muy oscuro; sea que estés reviviendo momentos en que sufriste abuso o pensando en los errores que cometiste.

También puede resultar dañino revisitar los buenos tiempos con demasiada frecuencia. Hay veces en que las personas romantizan el pasado. Solo recuerdan lo positivo de una situación o exageran lo felices que eran cuando estaban dentro de una relación anterior. La conclusión de que los buenos tiempos ya se acabaron evita que construyan un futuro más brillante para sí mismos.

El único tiempo en que puedes cambiar tu comportamiento es el presente. No puedes alterar el pasado, pero sí puedes cambiar el aquí y ahora.

Da algunos ejemplos de momentos en que piensas en el pasado de manera saludable.

Por qué lo hago

Sea que no puedas dejar de pensar en un suceso que alteró el curso de tu vida o que sigas reviviendo una conversación que

No vivas en el pasado

tuviste el día de ayer, hay muchas maneras en que podrías encontrarte viviendo en el pasado. Piensa sobre las razones por las que podrías estar viviendo en el pasado y pon una palomita junto a las afirmaciones que te suenen conocidas. Llena el espacio en blanco con cualquier otra razón que se te ocurra y que no se mencione en la lista.

> *Solía revivir todas las decisiones incorrectas que tomé como una forma de castigarme. Pensaba que merecía seguir sintiéndome mal. Aprendí a recordarme que vivir en el pasado no soluciona nada. Solo evita que tome mejores decisiones a futuro.*
>
> JENNIFER M.
> (34 años, Massachusetts)

- ○ Me ayuda a evitar los problemas a los que podría enfrentarme ahora.
- ○ Despierta sentimientos agradables.
- ○ Me distrae de mi realidad.
- ○ Me estoy castigando por mis errores pasados.
- ○ Tengo traumas pasados que no he terminado de procesar.
- ○ Pienso que vivir en el pasado me enseñará diferentes lecciones.
- ○ Me ayuda a sentirme conectado con personas con las que ya no tengo contacto.
- ○ No puedo evitar pensar en el pasado.
- ○ _____.

> **Trauma no resuelto**
>
> Cuando hablo de no vivir en el pasado, no me estoy refiriendo a un trauma. Los sucesos traumáticos, como una experiencia cercana a la muerte o el abuso, se almacenan en el cerebro de forma diferente. Aunque quizás hagas hasta lo imposible por evitar las cosas que te recuerden un evento traumático, es posible que experimentes memorias retrospectivas (*flashbacks*). Las memorias retrospectivas son un síntoma común del trastorno de estrés postraumático (TEPT) e implican revivir sucesos dolorosos. Este tipo de recuerdo puede suceder al azar o cuando te encuentras con algo que te recuerde el suceso traumático, como un sonido o aroma en particular.
>
> Si estás viviendo en el pasado a causa de algún trauma no resuelto, obtén ayuda profesional. Habla con tu médico, ponte en contacto con un terapeuta, asiste a un grupo de apoyo o llama a una línea telefónica de asistencia inmediata. Existen muchos recursos y opciones de tratamiento para abordar las experiencias traumáticas.

LA HISTORIA DE ANGELINA

Angelina entró en mi consultorio, se sentó y dijo: "Ajá, estoy deprimida, pero ¿quién no lo está?". Su médico le recomendó que asistiera a terapia para manejar su depresión, pero resultaba evidente que en realidad no pensaba que fuera necesario. Accedió a asistir a algunas citas, pero más que por otra razón, porque quería satisfacer a su médico.

No vivas en el pasado

A lo largo de las siguientes semanas, Angelina compartió su historia conmigo. Tuvo una infancia difícil y quedó embarazada a los 19 años. Crio a su hijo como madre soltera, al respecto me dijo: "No tuve la madurez suficiente como para tener un hijo sino hasta que cumplí los 30 años. No fui el tipo de madre que necesitó mi hijo durante la mayor parte de su vida".

A lo largo de los años, salió con diferentes hombres y algunos de ellos la maltrataron. Se dedicó a la fiesta durante sus veintes y no tuvo un sitio estable donde vivir. Ella y su hijo se mudaban con frecuencia y batallaba por conservar un empleo.

Cuando Angelina cumplió los 30, la atraparon con un cheque falsificado. El que la arrestaran la hizo darse cuenta de que quería cambiar su vida. Consiguió un empleo fijo, se mudó a un departamento con su hijo y se comprometió a ser la mejor madre que pudiera ser.

Ahora, a sus 35, tenía una vida ordenada, pero no podía perdonarse por todo lo que hizo antes. Aunque le estaba yendo bien a su hijo de 16 años, ella afirmaba: "Me odio por no haber sido una buena madre todos esos años".

Angelina no salía con nadie ni tampoco tenía amistades. Iba al trabajo y regresaba a casa. Jamás hacía nada divertido y no hacía nada para cuidar de sí misma. Y aunque atribuía todo esto al hecho de que era una persona responsable, también era evidente que se estaba castigando por no ser el tipo de madre que quiso ser antes.

A lo largo de varias semanas más, descubrimos el hecho de que creía que no merecía divertirse. Constantemente se sentía culpable por todos los errores que había cometido y pensaba que hacer algo agradable por sí misma ahora significaba que no se arrepentía de todo lo que hizo. Pensaba que tenía que castigarse por todos sus errores. No era de sorprender que se sintiera deprimida.

Empezamos a enfrentar su creencia de que tenía que castigarse. Revisamos cómo se quedó estancada en el pasado al revivir sus errores de manera constante en su mente. También discutimos cómo su elección actual de castigarse podría tener un impacto negativo sobre su hijo en el presente.

Uno de los ejercicios con los que trabajamos fue el de programar actividades placenteras (algo que descubrirás más adelante en este capítulo). Esto involucraba darse permiso para tratarse con amabilidad y tener algo que la emocionaría a futuro.

También aprendió habilidades de atención plena (otro de los ejercicios que llevaremos a cabo). Esto la ayudó a practicar estar presente con su hijo. En lugar de rumiar sobre todos sus errores pasados, aprendió a vivir en el momento para lograr que el presente fuera el mejor momento posible.

A lo largo de su tratamiento, Angelina hizo un progreso notable. Su depresión se atenuó una vez que dejó de vivir en el pasado. No obstante, antes de que pudiera hacerlo, tuvo que comprender que sus viejas heridas emocionales, junto con las de su hijo, no sanarían si seguía castigándose.

EJERCICIOS DE FORTALEZA MENTAL

Sea que te enquistes en algo que sucedió hace 10 años o que rumies acerca de algo que pasó hace una hora, estos son los ejercicios que me han sido más eficaces para hacer las paces con el pasado, disfrutar del presente y planear el futuro.

No vivas en el pasado

Cambia de canal en tu cerebro

Es posible que encuentres que no es tu intención pensar en el pasado, es solo que una conversación que tuviste la semana pasada se reproduce una y otra vez en tu cerebro como si fuera una película.

O tal vez te percates de que tu mente se dirige de manera constante a algún ex o que piense una y otra vez en cosas que te sucedieron en la infancia. Rumiar acerca de las cosas que no puedes cambiar puede dejarte estancado en un sitio doloroso.

Tal vez hayas tratado de decirte: "Solo deja de pensar en eso", cuando quieres distraer tu mente de algún pensamiento. Si ese es el caso, habrás notado que no sirve de nada. Por fortuna, existen algunas maneras eficaces de cambiar de canal en tu cerebro.

Hagamos tres ejercicios rápidos y te mostraré cómo funciona eso de cambiar de canal. Para hacerlo, vas a necesitar un temporizador: tendrás 30 segundos para llevar a cabo cada tarea; toma tu teléfono o un temporizador de cocina antes de que empieces con los ejercicios a continuación.

1. Pasa 30 segundos pensando en osos blancos. Pueden ser osos de caricatura, osos polares, osos de peluche o cualquier otro tipo de oso blanco. Programa el temporizador y piensa en todos esos osos hasta que tu tiempo se acabe.

2. Ahora, durante los siguientes 30 segundos, piensa en lo que quieras. Quizás en algo que pasó ayer, en lo que vas a comer hoy o en algo que vas a hacer cuando

termines de trabajar con este libro. **Solo que no debes pensar en osos blancos.**

3. Por último, dibuja un autorretrato con tu mano no dominante en el siguiente cuadro. Haz tu mejor esfuerzo durante los siguientes 30 segundos.

<u>Durante el primer ejercicio, ¿pudiste traer a tu mente al menos una imagen de un oso blanco?</u>

○ Sí   ○ No

<u>Durante el segundo ejercicio, ¿surgió en tu mente al menos un oso blanco cuando estabas tratando de evitar pensar en ellos?</u>

○ Sí   ○ No

No vivas en el pasado

Durante el tercer ejercicio, cuando estabas haciendo el dibujo, ¿pensaste en los osos en absoluto?

◯ Sí   ◯ No

Si eres igual que la mayoría de las personas, lo más seguro es que no hayas tenido problemas para pensar en los osos blancos durante el primer ejercicio. En el segundo, lo más probable es que hayas empezado a pensar en algo cuando un oso blanco entró a tu mente de manera repentina. Y, durante el tercero, sin duda estuviste tan concentrado en la tarea que estabas haciendo, que los osos blancos desaparecieron de tu mente por completo. Eso es porque hacer el dibujo te distrajo; hizo un cambio de canal en tu cerebro.

Cuando te encuentres viviendo en el pasado, realiza un ejercicio que te cambie de canal. Puedes hacer algo tan sencillo como dibujar un autorretrato con tu mano no dominante. Sin embargo, te aseguro que podrías pensar en mejores opciones que te mantengan distraído durante más tiempo. Cambiar de canal no tiene que ver con tratar de suprimir pensamientos o emociones. Tiene que ver con que evites participar en patrones de pensamiento autodestructivos o que te quedes estancado en emociones que no te están beneficiando.

Algunas de las mejores maneras para cambiar de canal en tu cerebro implican modificar tu entorno, mover tu cuerpo o agotar tu cerebro. Aquí te doy algunos ejemplos de formas en que podrías cambiar de canal:

- ▶ Organiza tu clóset.
- ▶ Sal a correr.

> 13 cosas que las personas mentalmente fuertes no hacen

- ▶ Escucha un pódcast mientras limpias la cocina.
- ▶ Llama a una amistad y platiquen acerca de algo divertido.
- ▶ Resuelve un crucigrama.
- ▶ Lee un libro.
- ▶ Mira algún programa de televisión.
- ▶ Arregla tu jardín.

¿Cómo sabrás que es buena idea cambiar de canal?

¿Qué cosas puedes hacer para cambiar de canal en tu cerebro?

No vivas en el pasado

Programa actividades placenteras

> *Solía pasar mucho tiempo deseando haber tomado decisiones diferentes, pero al fin me di cuenta de que una elección distinta no necesariamente conduciría al final de cuento de hadas que me estaba imaginando. Puedo invertir mi tempo de mejor manera si me concentro en tomar decisiones positivas de ahora en adelante en lugar de desear haber tomado otras decisiones en el pasado.*
>
> Patricia Grayson (51 años, Washington, D. C.).

Es menos probable que vivas en el pasado si tienes alicientes para experimentar el futuro. En el consultorio, es frecuente que utilicemos una estrategia que se llama "planear una actividad agradable". Es bueno para tu salud mental que tengas cosas divertidas en tu calendario. Eso que esperes no tiene que ser nada gigantesco, como unas vacaciones de una semana. Aunque algo así de grande a futuro es muy bueno, las actividades más pequeñas e inmediatas también son importantes. La clave es tener esos planes marcados en tu calendario para que tengas algo que ansíes hacer pronto.

Podría implicar que programes cuándo ver tus series de televisión favoritas, aunque las veas solo. O podría tener que ver con que salgas a tomar un café con algún amigo el sábado por la mañana. La clave es programarlo algunos días por anticipado para que tengas algo que te ensusiasme.

Entonces, si te encuentras viviendo en el pasado, recuérdate algo que ansías hacer en el futuro.

A continuación te muestro un ejemplo de calendario donde aparecen algunas actividades que alguien podría esperar hacer.

13 cosas que las personas mentalmente fuertes no hacen

DOMINGO	LUNES	MARTES	MIÉRCOLES	JUEVES	VIERNES	SÁBADO
		10:00 a. m. Masaje				7:00 p. m. Cena con Emily
			8:00 p. m. Club de lectura		5:00 p. m. Reunión con Heather en el parque	

Ahora, piensa en las siguientes dos semanas de tu calendario. Escribe las cosas que esperas hacer. Si no tienes varias cosas que anotar, programa algunas actividades placenteras en este preciso momento.

DOMINGO	LUNES	MARTES	MIÉRCOLES	JUEVES	VIERNES	SÁBADO

No vivas en el pasado

> *Cuando me enojo por las cosas por las que pasé, me recuerdo que no puedo cambiar el pasado, pero que sí puedo elegir cómo respondo a él ahora. Me toca decidir tomar lo que pasó y crear una mejor vida para mí en el presente.*
>
> Ángel Pérez (36 años, Puerto Rico)

PRACTICA LA ATENCIÓN PLENA

Mientras que algunas personas llevan a cabo estrategias intensivas de meditación, no tienes que pasar años estudiándola para alcanzar algunos de sus beneficios. Puedes aprender a practicar la atención plena con dedicarle apenas algunos minutos al día. La atención plena solo implica estar presente en el momento, más que centrarte en el pasado o preocuparte acerca del futuro. A continuación se presentan algunas maneras sencillas para practicar la atención plena.

1. Haz algunas pausas a lo largo del día para percibir solamente lo que escuchas, hueles, saboreas, tocas y ves. A veces estamos tan perdidos dentro de nuestros pensamientos que ni siquiera notamos el sonido de las aves que cantan ni del aroma del pasto recién cortado.

2. Practica atención plena con algún objeto específico. Pasa algunos minutos mirando un objeto común y corriente, como el patrón de tu alfombra o un clip para papeles. Observa su aspecto. Tócalo y nota cómo se siente. Cuando tus pensamientos vaguen hacia otro tema, tráelos de vuelta al objeto con gentileza.

3. Practica la atención plena con algún alimento. Muerde una pequeña porción de chocolate o coloca una pasita en tu boca. Percibe cómo se siente dentro de tu boca antes de que empieces a masticar. Presta atención al sabor. Quizás notes cosas que jamás observaste antes; como la forma en que se siente la textura de la pasita sobre tu lengua.

4. Practica la atención plena a lo largo del día solo por medio de estar en el momento. Cuando te estés cepillando los dientes, presta atención a lo que estás haciendo o, cuando limpies la cocina, tómate un momento para sentir tus alrededores.

Es muy tentador hacer varias cosas a la vez, pero hacer las cosas una por una te puede ayudar a aprender a vivir en el presente, lo que puede evitar que vivas en el pasado.

¿Cuáles son algunas de las maneras en que puedes empezar a practicar la atención plena?

LA TAREA PARA ESTA SEMANA

Trata de tener una mayor atención plena a lo largo de la semana. Después de siete días, observa si notas alguna diferencia en la manera en que piensas, en la que te sientes y en cómo te comportas.

Crea tu plan para dejar de vivir en el pasado

¿Qué cosas puedes hacer para dejar de vivir en el pasado?

- ○ Hablar con un profesional para tratar de sanar mis traumas no resueltos.
- ○ Perdonarme por algún error que haya cometido.
- ○ Cambiar de canal en mi cerebro cuando empiece a rumiar.
- ○ Encontrar maneras de hacer las paces con las cosas que suceden.
- ○ Practicar la atención plena para que pueda acostumbrarme a estar en el presente.
- ○ Programar actividades divertidas a futuro para que tenga cosas a las que aspirar.
- ○ _____.

Ahora, identifiquemos algunas acciones claras que puedas realizar para dejar de vivir en el pasado. Hacer pasos pequeños para sanar el dolor del pasado, para disfrutar del presente y para planear tu futuro puede servir de mucho para ayudarte a sentirte mejor. A continuación enlisto algunos ejemplos de pasos que podrías tomar para dejar de vivir en el pasado:

- ▶ Programaré una cita con un terapeuta para que pueda empezar a sanar de traumas pasados.

- ▶ Siempre que empiece a rumiar, cambiaré el canal de mi cerebro asignándome una tarea rápida que pueda hacer en mi casa.

- ▶ Dejaré de repasar con mis amistades todas las cosas que salieron mal en mi última relación.

- ▶ Cuando me encuentre pensando acerca de cómo los mejores días de mi vida ya quedaron atrás, me centraré en programar algo positivo que pueda hacer en el futuro.

- ▶ Cuando mi mamá insista en mencionar cosas del pasado una y otra vez, le diré que no quiero hablar al respecto.

¿Qué paso puedes dar que te ayudaría a dejar de vivir en el pasado?

¿Qué notarás en ti cuando dejes de vivir en el pasado?

No vivas en el pasado

¿Cómo cambiará tu vida?

Cuando DEJÉ de repetir los mismos errores...

Me sentí más en control de las cosas por venir.

Vanessa (52 años, Nueva York)

Empezó mi vida. Reconocí los patrones y dejé de repetirlos.

Daisy Lloyd (41 años, Reino Unido)

Me liberé de mi dolor. Supe que mis errores se derivaban de problemas en mi infancia, pero no fue sino hasta que aprendí a dejar de repetir mis errores que realmente pude seguir adelante.

Grace Koenig (43 años, Carolina del Norte)

8

No repitas los mismos errores

No podría decirte el número de personas que en el consultorio me dicen: "¡Jamás volveré a hacer eso!", solo para regresar a la semana siguiente y decir: "Lo volví a hacer".

Hay ocasiones en que todos repetimos los mismos errores. Eso puede incluir cualquier cosa, desde metidas de pata en nuestras relaciones hasta adicciones en las que caemos... aunque no queramos hacerlo.

A veces, simplemente no aprendemos de nuestros errores. Sin embargo, hay otras en las que nos sentimos tan avergonzados de nuestras fallas que simplemente no vemos la manera de salir del atolladero, aparte de caer en el mismo hábito poco sano que nos ocasionó ese dolor de entrada. Por fortuna, hay muchas cosas que podemos hacer para aprender de nuestros errores y reducir la probabilidad de repetirlos.

¿DE QUÉ MANERA SIGUES REPITIENDO LOS MISMOS ERRORES?

En este capítulo analizaremos formas en que puedes escapar de los patrones dañinos que te obligan a repetir tus errores y ejercicios que te ayuden a aprender y tener un mejor desempeño. Pero primero, echemos un vistazo a las maneras en que quizás repitas tus equivocaciones. Coloca una palomita junto a las afirmaciones que crees que te describen.

- ○ Me involucro en relaciones dañinas (de amistad o románticas).
- ○ Compro cosas que no necesito y después me arrepiento.
- ○ Dejo que mis emociones dicten mi comportamiento.
- ○ Cuando estoy alterado, digo cosas de las que me arrepiento después.
- ○ Me involucro en discusiones acaloradas incluso cuando sé que no servirá de nada.
- ○ Cedo a las tentaciones con demasiada frecuencia.
- ○ Recurro a los mismos patrones dañinos una y otra vez como una forma de lidiar con mis sentimientos de incomodidad.

Equivocarse vs. repetir los mismos errores

Las equivocaciones son una parte importante del proceso de aprendizaje. Si no intentaras hacer cosas nuevas o te presionaras a hacer las cosas de manera diferente, tu vida sería de

No repitas los mismos errores

lo más anodina. Las vergüenzas sociales, los errores financieros, las metidas de pata emocionales, las equivocaciones en nuestras relaciones, las faltas profesionales… todos son solo algunos ejemplos de los errores de los que podemos aprender a lo largo de la vida. ¿Cuáles son algunos errores específicos que repites una y otra vez?

- ○ Como alimentos poco sanos cuando no quiero hacerlo.
- ○ Me quedo despierto por las noches más tarde de lo que planeo.
- ○ Aplazo las cosas de manera excesiva.
- ○ Paso mucho tiempo en internet.
- ○ Me quedo dormido por las mañanas más tarde de lo que quiero.
- ○ Compro cosas que no necesito.
- ○ Me comporto de manera impaciente con las personas.
- ○ Olvido hacer cosas.
- ○ _____.

> *Durante mucho tiempo, quedé atrapado en un círculo vicioso. Mi adicción me hacía sentir bien por un momento, a pesar de que estaba dañando cada parte de mi vida. Muchas veces dije que me detendría, pero mi voluntad no duraba. No pude liberarme sino hasta que pedí ayuda para hacerlo. Solo entonces fui capaz de dejar de repetir mis errores.*
>
> JEAN L. (39 años, Florida)

¿Por qué repites tus errores?

Algunos errores tienen un propósito. Quizás devores una enorme bolsa de papas fritas cuando tuviste un mal día porque comerlas te ayuda a sentir bien durante algunos momentos. O tal vez saltes de una relación amorosa a otra porque estar con alguien se siente mejor que estar a solas, al menos de manera temporal. Después de todo, no repetirías tus errores si no obtuvieras algo a cambio.

Puede haber un sinfín de razones por las que caes en ciertas equivocaciones. Piensa en aquellas faltas que repetiste. Coloca una palomita junto a las razones que sientes que motivaron tu comportamiento. Si se te ocurren otras razones que no estén en la lista, anótalas en la línea en blanco.

- ○ Me convenzo de que las cosas serán distintas en esta ocasión.
- ○ Me digo que necesito hacer lo que pueda para sobrellevar el día.
- ○ No aprendí de mi error la primera vez.
- ○ No creo que sea capaz de mejorar.
- ○ No pienso que merezca algo mejor.
- ○ No sé qué otra cosa hacer.
- ○ Batallo para resistirme a la tentación.
- ○ Es más fácil seguir haciendo lo mismo una y otra vez.
- ○ Tengo una adicción.
- ○ Establezco metas imposibles de alcanzar.

No repitas los mismos errores

○ Simplemente no siento que sea lo bastante bueno como para mejorar.

○ _____.

Piensa en tres errores que hayas repetido:

1. _____.
2. _____.
3. _____.

Ahora, reflexiona sobre la razón o las razones por las que sucedió:

1. _____.
2. _____.
3. _____.

LA HISTORIA DE BECKY

El médico de Becky le recomendó acudir a terapia porque le costaba mucho trabajo cumplir con las metas para mejorar su salud. La presión arterial de Becky había aumentado de manera gradual al paso de los años. Su médico le advirtió en varias ocasiones que si no hacía ciertos cambios en su estilo de vida, empezaría a tener que tomar medicamentos.

Cada vez que le hacía esa advertencia, ella se proponía hacer cambios. Empezaba a comer de manera más saludable, comenzaba a hacer ejercicio, bebía menos e, incluso, tomaba menos café.

Pero eso jamás duraba más de una o dos semanas. Terminaba justo donde había estado antes… o quizás un poco peor.

Durante nuestras sesiones, Becky me decía: "Duro toda una semana con la dieta baja en sodio, sin alimentos procesados, pero la abandono a la menor provocación. Llega el viernes por la noche y como pizza con papas fritas, además de una cerveza, y entonces pienso que si ya erré el camino, qué más da hacerlo el resto del fin de semana". Para cuando llegaba el lunes, se convencía de que era un fracaso y de que no tenía caso volver a intentarlo.

Dijo que a veces pensaba que se sentía motivada a cambiar, pero que eso no parecía durar. Se preocupaba bastante por su salud, pues tenía diferentes familiares que habían batallado con infartos y embolias. No quería aumentar sus riesgos de padecer alguna enfermedad. Sin embargo, pasaba por momentos en que eso parecía no importarle y era como si su cerebro obrara en su contra.

En ocasiones, no se sentía capaz de cambiar en lo absoluto. "No soy el tipo de persona que simple y sencillamente puede comportarse de manera saludable", decía. "No tengo la fuerza de voluntad para negarme a la pizza y no tengo la motivación suficiente para hacer ejercicio".

Esas afirmaciones me dejaron en claro la razón por la que batallaba tanto. Creía que no podía ser una persona sana y cada vez que hacía algo que percibía como poco saludable eso reforzaba su creencia de que era incapaz de cambiar. Repetía los mismos errores una y otra vez porque había decidido ser incompetente para cumplir sus metas.

Nuestro trabajo juntas se centró en estrategias que pudieran cambiar esas creencias. Tenía que darse cuenta de que todo tenía que ver con las decisiones que tomaba y que sus errores no eran evidencia de defectos de carácter.

Poco a poco, al paso del tiempo, llegó a comprender que aunque no era del todo saludable, su condición tampoco era un completo desastre. Al igual que todo el mundo, podía hacer elecciones sanas y otras no tanto. Cada vez que optaba por algo poco sano, tenía que tomar una decisión: ¿qué haría a continuación? Podía fustigarse por meter la pata y convencerse de que no tenía caso esforzarse, o podía aprender de su error y tomar ese conocimiento para intentar hacer las cosas de mejor manera. Uno de los ejercicios más útiles que llevó a cabo involucró replantear su vergüenza (algo de lo que hablaremos en la sección de ejercicios).

Para su sorpresa, las duras autocríticas no eran la respuesta para crear cambios duraderos. La solución era sentir compasión por sí misma. Una vez que aprendió a perdonarse por alguna equivocación, estuvo en libertad de mejorar. Para el final de nuestras sesiones, Becky podía recuperarse de sus errores de mejor manera y se sentía confiada de trabajar para alcanzar sus metas aunque tuviera algunos momentos difíciles.

EJERCICIOS DE FORTALEZA MENTAL

No te dejes convencer de que estás más allá de cualquier ayuda. Hay muchas medidas que puedes tomar para crear cambios duraderos que eviten que repitas tus errores. A continuación verás algunas de mis estrategias favoritas para asumir responsabilidades, crear cambios e interrumpir el ciclo de errores repetidos.

Aprópiate de tus errores

Hablo con mis amistades acerca de mis errores.

Claudia Cristea
(46 años, Rumania)

Antes de que puedas evitar repetir un error, necesitas reconocer que lo cometiste. Sin embargo, es posible que encuentres tentador culpar a otras personas. Quizás dijiste algo maleducado que alteró a alguien. En lugar de apropiarte de tu error, podría ser más sencillo decir: "Eres demasiado sensible", en lugar de: "Me equivoqué". Si no tienes cuidado, podrías terminar invirtiendo todavía más energía cubriendo tus errores, ocultándolos o excusándolos en lugar de lidiar con ellos.

A menudo, esto se deriva de nuestros deseos por evitar meternos en problemas o de dar una mala impresión. Si por accidente rompes la cafetera en el trabajo, es más fácil alejarte con velocidad que decirle a alguien que necesita repararse. O si se te olvidó pagar una cuenta a tiempo, quizás te sientas tentado a ocultárselo a tu pareja, que se molestará porque no fuiste lo bastante "responsable" como para saldarla en su momento.

No repitas los mismos errores

Es importante que te responsabilices de tus errores y puede ser liberador hacerlo, aunque parezca atemorizante al principio.

También es importante reconocer que solo porque algo no sea tu culpa, no significa que no sea tu responsabilidad. Es posible que tu genética sea un poco responsable de tu problema con el alcohol, pero sigue siendo tu responsabilidad atenderlo. Si tus hábitos dañinos están arraigados en algún trauma infantil, no es tu culpa; pero tus hábitos siguen siendo tu responsabilidad, como lo es afrontarlos.

La primera persona frente a la que debes admitir un error eres tú misma. Es posible que te sientas tentada a inventar una excusa que culpe a alguien más, pero es esencial que te apropies de tus errores y que asumas plena responsabilidad por ellos.

Solo entonces podrás reconocer ante alguien más que cometiste un error. Tal vez necesites decirle a tu jefe que fallaste en una fecha de entrega, o que necesites decirle a tu pareja que gastaste más dinero del que acordaron. Es esencial que te sinceres con las personas que se vean directamente afectadas por tu equivocación.

Quizás también te parezca liberador reconocer tus errores frente a personas que no se hayan visto afectadas de manera directa. Por ejemplo, es posible que puedas contarles a tus amigos algún error que cometiste en el trabajo o que le cuentes a tu familia acerca de tu más reciente vergüenza social. Hablar sobre tus equivocaciones puede garantizar que no sientas la necesidad de seguir fingiendo que eres perfecto. Cuando empiezas a admitir tus errores, es probable que los demás también empiecen a compartir sus propias faltas. Al paso del tiempo, hablar de las inevitables pifias se hará más cómodo y sentirás menos presión para presentarte como alguien sin mancha.

¿Puedes pensar en un error que cometiste y te costó admitir?

¿Por qué hay veces en que resulta tan difícil asumir la responsabilidad de los propios errores?

¿Qué pasos pudiste haber seguido para apropiarte de tu equivocación?

No repitas los mismos errores

¿Cómo apropiarte de tus errores cuando es tan difícil hacerlo?

Replantea tu vergüenza

La culpa tiene cierta utilidad, pero no así la vergüenza. Esta puede mantenerte estancado en un ciclo en el que es más probable que repitas tus errores.

Esta es la diferencia:

Culpa: Tomé una decisión incorrecta.
Vergüenza: Soy una mala persona.

Cuando te pesques castigándote demasiado por alguna falta cometida, es importante que replantees tu vergüenza.

Cuando pienses: "Soy un idiota por meter la pata", recuérdate: "Cometí un error. Puedo aprender de él y seguir adelante".

¿Cuándo te has castigado por cometer un error?

¿Qué tipo de cosas pensaste?

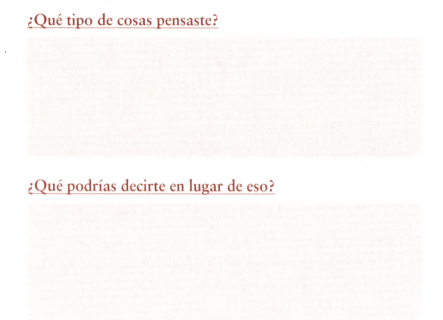

¿Qué podrías decirte en lugar de eso?

LLÁMATE POR TU NOMBRE

Detente un segundo y piensa cómo es que te refieres a ti mismo dentro de tu cabeza. ¿Dices: "Es hora de levantarme" o "Ya tienes que levantarte"? O te hablas por nombre: "A ver, Susana, ya te tienes que levantar".

Quizás hagas una mezcla de lo anterior.

Sin embargo, existe cierta evidencia que indica que podrías desear empezar a llamarte por tu nombre. De hecho, cuando dices: "Brenda, puedes hacer esto" o "Rich, respira hondo y haz tu mejor esfuerzo", podría irte mejor.

Este es un truco de la psicología del deporte que adoptaron muchos atletas de élite porque la evidencia indica que llamarte por tu nombre te tranquiliza y te ayuda a tener un mejor desempeño.

De manera que cuando cometas alguna falla, háblate de manera tranquila y compasiva y llámate por tu nombre. Podría ayudarte a estar más en el momento para aprender de tu falta y seguir adelante.

Da un ejemplo de un momento en que podría resultar de utilidad que te llames por tu nombre.

¿Qué podrías decirte?

Actúa como la persona en la que quieres convertirte

Tal vez encuentres que aceptar ciertas cosas acerca de ti mismo es una manera de justificar tus errores recurrentes. Quizás afirmes: "Bueno, es que soy el tipo de persona a la que le gusta decir las cosas como son", como forma de justificar que heriste los sentimientos de alguien más. O tal vez concluyas: "Soy una persona tímida de modo que no diré nada durante las juntas". Sin embargo, cambiar tu comportamiento lo cambiará todo. Si quieres ser una persona más amable, actúa de manera amable desde ahora. Si quieres ser una persona más sociable, empieza a serlo.

Alterar tu conducta cambia la manera en la que te percibes a ti mismo y también cambia la forma en la que te sientes.

Esto puede ser esencial cuando se trata de superar tus errores. Decide quién quieres ser y empieza a comportarte como esa persona ahora mismo.

<u>¿Qué tipo de persona quieres ser? ¿Amable, sana, feliz, amistosa, etcétera?</u>

<u>¿Qué puedes empezar a hacer hoy para comenzar a actuar como esa persona?</u>

No repitas los mismos errores

<u>Piensa en un error común que repites. ¿Cómo es que actuar como la persona que quieres ser evitaría que cometas el mismo error de nuevo?</u>

> *Solía decirme: "No cometas ese error de nuevo", pero por lo general volvía a hacerlo. Ahora, me anticipo y averiguo cómo ayudarme a tener más éxito. Un poco de planeación me ayuda a mejorar.*
>
> Kaley N. (38 años, Montana)

Predisponte al éxito

Una de las razones por las que quizás repitas tus errores es que estás predisponiéndote a fracasar. Quizás necesites modificar tu entorno o hacer algunos cambios en tu vida para alcanzar el éxito.

Si estás tratando de limitarte a los refrigerios saludables por las tardes, no guardes chocolates en tu escritorio. Si quieres aumentar las probabilidades de salir a caminar antes del trabajo, prepara ropa y calzado cómodos desde la noche anterior.

Incluso, podrías poner algunos obstáculos en tu camino. Por ejemplo, si vas a tener galletas en casa, guárdalas en la parte trasera de una repisa superior, o bien mantenlas en el clóset del cuarto de huéspedes para que no estén a plena vista.

Cuando cometas una equivocación, tómate un minuto para pensar en la forma en que podrías evitar repetirla. ¿Qué cambios puedes hacer en tu horario, tu conducta o tu entorno para aumentar las probabilidades de tener éxito la siguiente ocasión?

<u>¿Cómo puedes predisponerte al éxito a fin de evitar repetir un error específico?</u>

<u>¿Hay algún obstáculo que puedas implementar para que uno de tus hábitos dañinos sea más difícil de llevar a cabo?</u>

LA TAREA PARA ESTA SEMANA

Tómate un momento para pensar el tipo de persona que quieres ser esta semana. ¿Quieres ser feliz, amistoso, generoso, empático o algo más? Todos los días haz al menos una cosa que te ayude a actuar como ese tipo de persona. Para el final

No repitas los mismos errores

de la semana, te parecerá más sencillo actuar como la persona en la que deseas convertirte.

Crea tu plan para dejar de repetir los mismos errores

¿Cuáles son algunas de las cosas que puedes hacer para dejar de repetir los mismos errores?

- ○ Empezar a reconocer las faltas que cometo.
- ○ Dejar de sentirme avergonzado cuando meto la pata.
- ○ Predisponerme al éxito.
- ○ Considerar si de verdad estoy listo para obrar un cambio.
- ○ Tomarme un tiempo para aprender de mis errores antes de intentarlo de nuevo.
- ○ Llamarme por mi nombre de aquí en adelante.
- ○ Actuar como la persona en la que me quiero convertir.
- ○ _____.

Ahora, pausa por un minuto para identificar algunos pasos claros, aunque pequeños, que puedes tomar para dejar de caer en los mismos errores. Estos pasos pueden ayudarte a aprender y a crecer a partir de tus faltas para que no te quedes estancado en un ciclo vicioso. A continuación enlisto algunos pasos que podrías tomar para dejar de repetir un error específico:

- Haré una cita con un especialista médico en adicciones que me ayude a mantenerme sobrio en esta ocasión.

- Asumiré mi responsabilidad en los problemas de mi relación para que pueda centrarme en mejorarla de aquí en adelante.

- Me tomaré un tiempo para refinar mis habilidades discursivas antes de entrevistarme para solicitar otro empleo.

- Me inscribiré a un curso de manejo de ira para que deje de perder los estribos.

- Voy a apartar 20 minutos de cada día para llevar a cabo alguna actividad física. Si no cumplo un día, no me culparé por ello, sino que me esforzaré por regresar al buen camino al día siguiente.

¿Qué paso te ayudaría a dejar de repetir los mismos errores?

No repitas los mismos errores

¿Qué notarás de ti una vez que dejes de repetir los mismos errores?

¿Cómo cambiará tu vida?

Cuando DEJÓ de dolerme el éxito de los demás...

Me di cuenta de que cada uno de nosotros es por completo diferente y tiene distintas fortalezas y debilidades. Tu fortaleza podría ser la debilidad de alguien más, o viceversa. Por ende, no es justo ni para ti, ni para los demás, que te sientas resentido.

Amy Brooks (40 años, Carolina del Sur)

Cuando dejó de afectarme el éxito de los demás, empecé a tener una mejor vida.

Clovis Ximenes De Melo Junior (61 años, Brasil)

Empecé a escuchar a los demás sin juzgar si se merecían su éxito. Podía sentirme feliz por ellos cuando les pasaban cosas buenas sin sentir que era mi trabajo determinar si ellos merecían o no que les pasaran cosas buenas.

Dawn Garrison (29 años, Florida)

9

No sufras por el éxito de los demás

Antes, solíamos comparar nuestros éxitos con los de quienes estaban a nuestro alrededor en términos físicos. "No ser menos que el vecino" implicaba tratar de mantenerse a la par con el resto de los habitantes de la calle, al menos cuando se empezó a utilizar ese tipo de expresión.

En la actualidad, es posible que veas personas exitosas por todas partes en internet. Sea que atestigües en redes sociales las últimas vacaciones de lujo de tus anteriores compañeros de clase o que alcances a vislumbrar parte de la mansión de tu jefe durante una reunión por Zoom, es difícil no compararse con otras personas cuando ves sus momentos destacados en tu pantalla todo el santo día. Pero resentir el éxito de los demás puede tener graves repercusiones en tu bienestar. De manera irónica, incluso podría reducir tus probabilidades de volverte exitoso.

13 cosas que las personas mentalmente fuertes no hacen

¿CÓMO ES QUE RESIENTES EL ÉXITO DE OTROS?

En el presente capítulo analizaremos cómo reconocer cuando estás resintiendo el éxito de otros y los pasos que puedes tomar para dejar de hacerlo. Sin embargo, antes que nada, analicemos más de cerca las maneras en que quizás estés experimentando este resentimiento. Lee las siguientes afirmaciones y palomea las que más sientas que te describen.

- ○ Navego por mis redes sociales sintiéndome molesto con la gente que parece estar feliz.
- ○ Me desagradan las personas que son más atractivas o que tienen más dinero que yo.
- ○ Pienso en las razones por las que ciertas personas no se merecen su buena suerte.
- ○ Denigro a las personas a sus espaldas.
- ○ A menudo, deseo que les pasen cosas malas a ciertas personas.
- ○ Me siento mal cuando estoy alrededor de personas que sí tienen lo que yo deseo.
- ○ Pienso que de alguna manera los demás están "más adelantados" que yo en la vida.

Escribe una ocasión en la que resentiste el éxito de alguien más.

No sufras por el éxito de los demás

¿Qué tipo de pensamientos tuviste en ese momento?

¿Cómo es que tu resentimiento afectó tu conducta?

Admirar vs. resentir

Puedes admirar a otros por sus logros, talentos naturales y buena fortuna. Incluso puede haber momentos en que te preguntes cómo es que tienen tanta "suerte"; sin embargo, en general, la admiración te ofrece una oportunidad para aprender de los demás.

Por otro lado, el resentimiento te distrae de tus metas. Implica que no quieres que alguien tenga cosas buenas en su vida. Quizás desees que tu hermana no sea tan bonita o en secreto te gustaría que despidieran del trabajo a un amigo que gana muy bien.

Es posible que te convenzas de que hay una cantidad limitada de atractivo físico, riqueza o felicidad como para que se reparta entre todos, y cuando otras personas parecen tener de más, quizás concluyas que te las están quitando a ti. En realidad, todo esto tiene que ver con una mentalidad de escasez.

El resentimiento puede conducir a comportamientos poco sanos que disminuyen tu felicidad y reducen tus probabilidades de éxito. Quizás hables mal de ese amigo rico al que resientes o incluso es posible que en secreto trates de sabotear al compañero de trabajo que no piensas que merecía un ascenso. Sin embargo, antes de que discutamos el resentimiento, examinemos lo que es la admiración saludable.

¿Quiénes son algunas de las personas a las que admiras y qué puedes aprender de ellas?

1. _____.
2. _____.
3. _____.

¿Por qué resientes a las personas exitosas?

Quizás solo haya un área de tu vida en la que experimentes ese resentimiento. A menudo, procede de la inseguridad; por tu apariencia física o por la cantidad de dinero que tienes. No obstante, es importante que te tomes un poco de tiempo para examinar las razones por las que te sientes así y cuándo es que sucede. Piensa en las veces en las que resientes a las personas y las razones que podrían motivarlo. Puede resultar difícil reconocer estas partes no tan agradables de nosotros mismos, pero es importante comprender las razones por las que existen. Coloca una palomita junto a las afirmaciones que te suenen conocidas y llena el espacio en blanco con cualquier cosa que pienses que no se incluyó en la lista.

- ○ En realidad, no sé lo que quiero en la vida.
- ○ Me siento mal conmigo mismo.
- ○ Pienso que, al final de cuentas, siempre termina ganando la gente que no se lo merece.
- ○ No sé cómo definir el éxito.
- ○ Pienso que las personas exitosas me están quitando mis oportunidades para triunfar.
- ○ Creo que nací desafortunado o sin suerte.
- ○ _____.

¿Quién es esa persona que te causa resentimiento y qué es lo que lo provoca?

13 cosas que las personas mentalmente fuertes no hacen

¿Qué puedes aprender de ti mismo con base en las personas que te causan resentimiento o las ocasiones en que lo experimentas?

> *Crecí en la pobreza, en las calles y dentro y fuera de albergues. Sufrí mucho abuso y terminé en un hogar de acogida a los 11 años. Jamás regresé con mis padres biológicos a causa del maltrato al que me sometían. Trabajé mucho para ganarme el título que tengo, la casa en la que vivo y la hermosa familia que construí. No resiento a nadie que tenga lo que yo no. Poseo tesoros que van más allá de lo material: un corazón sanado, hijos que están creciendo dentro de un hogar amoroso y afectuoso, y ciclos generacionales que se rompieron a causa de las decisiones difíciles que he tomado.*
>
> Jessica Aikens (40 años, Maine)

LA HISTORIA DE JON

Jon entró a mi consultorio diciendo que no era tan exitoso como podía serlo y que quería purgar los asuntos sin resolver que lo estaban deteniendo en la vida. No obstante, cuando empezaba a hablar de las cosas que estaban sucediéndole, la conversación siempre se desviaba hacia las cosas que estaban pasando en las vidas de todos los demás.

No sufras por el éxito de los demás

Jon y su esposa eran los menos favorecidos económicamente dentro de su grupo social. Algunos de sus amigos podían permitirse cosas muy glamurosas, como viajar por todo el país y asistir a juntas que sonaban muy importantes.

Oír acerca de la compra más reciente o de los últimos planes de viaje de sus amistades lo hacía sentir algo resentido. Jon pensaba que era más inteligente, más capaz y más competente que la mayoría de ellos. Mientras más éxito alcanzaban sus amigos, menos disfrutaba pasar tiempo con ellos. Sabía que ya estaba empezando a mostrar su irritación cuando se reunían.

Decidimos crear la definición de éxito de Jon (un ejercicio que harás más adelante). Una vez que terminó, Jon tuvo una imagen clara del aspecto que tenía el éxito en la vida para él: quería criar hijos agradables que trabajaran arduamente. Quería estar involucrado en sus vidas y asistir a sus actividades extracurriculares, y quería ayudarlos con sus tareas. Cuando empezó a pensar en lo importante que era para él ser un buen marido y un buen padre, comenzó a ver las vidas de sus amigos de manera un poco diferente.

En lugar de sentirse frustrado por el hecho de que sus amistades contrataban a personas que hicieran proyectos de mejoras en el hogar, se recordó que hacer el trabajo él mismo le daba la oportunidad de enseñarles nuevas habilidades a sus hijos. Pasaban tiempo de calidad juntos cuando reparaban algún mosaico roto o arreglaban un caño atascado.

Una vez que logró empezar a centrarse en su propia definición de éxito, dejó de resentir a sus amigos que estaban trabajando hacia sus propias definiciones de éxito. Dejó de verlos como la competencia.

Durante su última sesión de terapia, dijo: "Qué fácil es olvidarse de lo que importa en la vida, en especial hoy en día. Pero darles más tiempo y atención a mis hijos es lo que más me importa en este momento".

EJERCICIOS DE FORTALEZA MENTAL

> Te recuerdas que todo el mundo batalla y que quizás no lo veas. Además, recuerdo que lo que me ha pasado y lo que tengo o no me hacen más interesante y me convierten en quien soy.
>
> Erin Mantz
> (51 años, Maryland)

Si te encuentras resintiendo el éxito de otras personas, quizás pienses que la solución es que hagas más dentro de tu propia vida. Pero la verdad es que sin importar lo bien que te esté yendo, siempre habrá alguien que sea más rico, más feliz y más atractivo. De modo que el antídoto tiene que ver con cambiar de mentalidad. A continuación encontrarás algunos excelentes ejercicios para ponerle fin al resentimiento por el éxito de otras personas.

Haz una caja de zapatos de interior/exterior

Cuando veo a pacientes que resienten a otras personas por tener lo que ellos quieren, hay veces en que les asigno el ejercicio de la caja de zapatos de interior/exterior. Algunas personas llevan a cabo el proyecto en realidad, es un proyecto artístico en cierto sentido. Otras personas (a las que no les gusta ese tipo de cosa), hablan acerca del aspecto que tendría su caja de zapatos si la hicieran.

Este es el ejercicio:

- ▶ Consigue una caja de zapatos o alguna otra caja chica y algunas revistas viejas.
- ▶ Corta imágenes de revistas (o dibuja tus propias imágenes que puedas cortar) que representen lo que los demás observan en ti cuando te ven. Quizás incluyas pasatiempos o cosas por las que se te conoce, como esas galletas con chispas de chocolate que sabes hornear o el coche rojo que conduces. Coloca esas imágenes en la parte exterior de la caja.

¿Qué les recordaría a los demás sobre ti las imágenes del exterior de la caja?

¿Hay personas en tu vida que se sorprenderían por cualquiera de las cosas del exterior de tu caja? Quizás tus compañeros de trabajo no sepan cuáles son tus pasatiempos o tu abuela no tenga ni idea de lo mucho que se te respeta en el mundo empresarial.

Ahora, decora el interior de tu caja para que represente cómo eres por dentro en realidad. Quizás incluyas palabras que describan pensamientos o sentimientos, o imágenes que representen la manera en que te ves a ti mismo.

¿Tus amigos y familia se sorprenderían al ver el interior de tu caja o crees que sabrían esas cosas acerca de ti?

La mayoría de las personas me dice que sus amigos, familiares e incluso sus parejas se sorprenderían de ver el interior de la caja.

Todos tenemos cosas que no compartimos con los demás, incluso con las personas más cercanas a nosotros. Quizás sea algo de tu pasado o dificultades que sigues teniendo. No obstante, todos guardamos algunos secretos y cosas que mantenemos en privado.

Cuando estamos frente a personas exitosas, se nos olvida que solo estamos ante el exterior de su caja de zapatos. No tenemos idea de lo que está en su interior.

Como terapeuta, me toca escuchar cómo se siente la gente. A menudo, mis pacientes me cuentan cosas que jamás le han

No sufras por el éxito de los demás

contado a nadie más y trabajamos con problemas que no son evidentes desde afuera. Sé que las personas que parecen tenerlo todo también están luchando batallas en secreto.

Piensa en una persona cuyo éxito has resentido. ¿Cuáles son algunas dificultades que podrían estar experimentando y que tú no ves?

> *Me recuerdo que un valor central para mí es "ganar-ganar" y que el éxito de los demás no limita el mío, ni la manera en que lo defino. Hace poco aprendí que el resentimiento forma parte de la familia de los sentimientos de envidia, de modo que voy a cambiar la manera en que pienso para preguntarme qué es lo que en realidad envidio cuando empiezo a sentirme resentida.*
>
> — AMY JURGENSEN (41 años, Michigan)

Crea tu propia definición del éxito

¿Cuál es tu definición del éxito en la vida?

Si se te dificulta identificar una definición clara, no estás solo. En ocasiones, es difícil saber lo que significa ser exitoso. ¿Necesitas ser rico? ¿Feliz? ¿Tener una familia grande? ¿Ser dueño de una casa? ¿Mudarte a una gran ciudad? ¿Contribuir a la sociedad?

La sociedad les da un enorme valor a las cosas externas, como los ingresos o el puesto de trabajo; sin embargo, eso no significa que de verdad creas que esas cosas hacen que alguien sea exitoso.

No obstante, hay ocasiones en que resulta difícil identificar una definición de éxito a futuro. Tal vez te sirva mirar hacia atrás. Eso te puede ayudar a obtener un poco de perspectiva.

Imagina que tienes 100 años y que estás pensando en la vida que llevaste. ¿Qué te haría pensar que tuviste una vida fabulosa?

Ahora, imagina que un amigo te está presentando a una persona nueva. Esa persona escucha una breve descripción de quien eres. ¿Cómo esperarías que te describieran?

No sufras por el éxito de los demás

Ahora que ya identificaste esto, ¿cuál es tu definición del éxito? Mantén la definición a la mano y recurre a ella siempre que te veas tentado a resentir a alguien más por esforzarse a cumplir con su propia definición de éxito.

Ve a los demás como personas con opiniones diferentes, no como competidores

En *13 cosas que las mujeres mentalmente fuertes no hacen*, hablo acerca de los peligros de las comparaciones sociales. Las comparaciones sociales ascendentes, como pensar que otra persona es más atractiva o rica que tú, fomentan la envidia y el resentimiento. Por el contrario, las comparaciones sociales descendentes, como suponer que alguien más es menos inteligente o está menos motivado que tú, pueden llevar a la lástima (que no es buena ni para tu salud mental, ni para la relación).

En lugar de pensar en las demás personas como tu competencia, piensa en ellas como opinantes; entonces, verás que puedes aprender de los demás y reconocerás que sus conocimientos o habilidades no hacen detrimento de ti.

Esta es la diferencia:

Pensamiento competitivo: Ella es mejor empresaria que yo.

Pensamiento de opinante: Podría aprender algunas nuevas habilidades si presto atención en cómo lleva su negocio.

¿Qué pensamiento competitivo tienes respecto a alguien?

¿Con qué pensamiento puedes reemplazarlo para recordarte que esta persona no es más que un opinante?

Alienta a las personas

No esperes hasta que sientas una emoción genuina por alguien para alentarla. Puedes felicitar a las personas y decir cosas agradables incluso si sientes algo de celos.

Esto no significa que deberías portarte de manera "artificial", pero alentar a los demás puede suscitar sentimientos de alegría aunque no los estés sintiendo de inicio.

Desarrolla el hábito de mostrarte amable y de felicitar a la gente. Podrías empezar alentando a desconocidos en redes sociales. Deja un comentario agradable en LinkedIn o comunícate con alguien cuyo trabajo aprecias.

Si lees un artículo que disfrutaste, escribe a su autor lo que te agradó del mismo. Dile a un músico que te gusta su trabajo o deja una reseña positiva de algún negocio que consideres que esté haciendo bien las cosas.

Haz que alentar a las personas sea un hábito diario y, al paso del tiempo, lo harás con completa naturalidad. Es agradable lanzar vibras positivas al resto del mundo y, cuando tú te sientes mejor, lo más probable es que te sientas más feliz cuando la gente que de verdad conoces también alcance el éxito.

¿Qué pasos puedes seguir para alentar a otras personas en tu vida?

UNA ADVERTENCIA RELACIONADA CON ALENTAR A LOS DEMÁS

Si alguien te dice que se siente nervioso acerca de una entrevista pendiente, decir algo como: "¡No te preocupes! ¡Te va a ir de maravilla!" no es alentarlo. Una afirmación de ese tipo minimiza sus sentimientos. Más bien, puede ser de mayor ayuda decir: "¡Te voy a estar echando porras!".

LA TAREA PARA ESTA SEMANA

Presta atención al uso de tus redes sociales. ¿Te hacen sentir resentimiento? ¿Te encuentras pensando que las personas no merecen las cosas que tienen? ¿Sientes que no eres lo bastante bueno cuando utilizas las redes sociales?

Piensa en la gente y en las cuentas que sigues. Es importante que las redes sociales te ayuden a apuntalar tus metas y valores, no distraerte de lo que más te importa en la vida. No llenes tu tiempo escuchando y mirando a otras personas presumir lo fantásticas que son sus vidas si eso te provoca resentimiento. Sigue a personas que te inspiren. Predisponte al éxito silenciando, dejando de seguir y borrando cuanto sea necesario.

Crea tu plan para que ya no te afecte el éxito de los demás

¿Cuáles son algunas cosas que puedes hacer para dejar de resentir el éxito de los demás?

- ◯ Limitar el tiempo que paso en redes sociales y concientizarme de las personas a las que sigo.
- ◯ Alentar a los demás.
- ◯ Centrarme en mi propia definición del éxito.
- ◯ Mantener la vida de los demás en una sana perspectiva (recuerda que pueden no ser tan "perfectos" como lo parecen desde afuera).

○ Ver a los demás como opinantes, no como competidores.

○ _____.

Ahora, esfuérzate por identificar un paso concreto que puedes tomar para dejar de resentir el éxito de los demás. A continuación enlisto algunos ejemplos de cosas que podrías hacer para sentirte menos amenazado por el éxito de otra persona:

- ▶ Dejaré de seguir perfiles en redes sociales que me hagan pensar que la vida de todo el mundo es perfecta.

- ▶ Pasaré tiempo con amigos que me apoyan y los alentaré de manera genuina de forma regular.

- ▶ Siempre que mis padres me digan lo bien que les está yendo a mis hermanos, recordaré que ellos tienen metas diferentes en la vida y que puedo ser feliz viviendo con menos.

- ▶ Dejaré de asistir a conferencias que me alienten a pensar que mi propio valor depende solo de mis logros.

¿Cuál sería un paso para dejar de resentir el éxito de otras personas?

¿Qué notarás acerca de ti una vez que dejes de resentir el éxito de los demás?

¿Cómo cambiará tu vida?

Cuando DEJÉ de rendirme tras un fracaso...

Entendí que no necesitaba avergonzarme si fracasaba una vez. Debería sentirme orgullosa de estar dispuesta a volverlo a intentar.

Christy Bennett (35 años, Canadá)

Supe lo mucho de lo que me estaba perdiendo. Casi nadie triunfa después de la primera vez que trata de hacer algo de verdad importante.

Whitney Cramer (42 años, Carolina del Sur)

Empecé a no ser tan duro conmigo mismo. Me di cuenta de que no había razón para que hiciera todo perfecto a la primera. Y que, si así fuera, la vida sería bastante aburrida.

Christopher D. (48 años, Australia)

10

No te rindas tras un fracaso

Es frecuente que ofrezca conferencias en convenciones y para empresas privadas sobre cómo evitar las trampas que nos privan de nuestra fortaleza mental. Siempre que menciono la tendencia a rendirnos después de un fracaso inicial, veo que muchas personas empiezan a asentir, como si comprendieran que fracasar es parte del proceso. No me sorprende porque es común que el público esté formado por individuos exitosos y centrados en su trabajo, pero que seguramente ya fracasaron algunas veces a lo largo de sus trayectorias.

Sin embargo, después de mis presentaciones, muchas de esas personas que estaban asintiendo y mostrándome su aprobación se acercan para discutir conmigo algún fracaso que los detuvo en su camino fuera de la seguridad de sus escritorios de oficina. Como aquel hombre que me dijo que quería ser empresario, pero que después del fracaso de su primer negocio, pensó que sería más seguro trabajar en la empresa de alguien más. O aquella mujer que me dijo que había hecho una audición para dar una charla TED, pero que no había resultado seleccionada. Me dijo que admiraba a los oradores públicos, pero era evidente que no era algo que ella pudiera hacer.

Al igual que muchos de nosotros, estos individuos podían tolerar los fracasos en ciertas áreas de sus vidas, pero no en otras, y solo se necesitó de un fracaso para evitar que intentaran esas cosas de nuevo.

¿CÓMO TE RINDES TRAS FRACASAR?

En este capítulo hablaremos de las razones por las que a veces nos rendimos tras un fracaso y de los ejercicios que nos pueden ayudar a seguir adelante después de que eso sucede. Sin embargo, empecemos por las maneras en que podrías estar rindiéndote después de un fracaso inicial. Estudia las siguientes afirmaciones y coloca una palomita junto a las que sientas que más te describen.

- ○ Si algo no funciona de entrada, supongo que no era algo que se suponía que debía hacer.
- ○ Cuando no puedo hacer algo bien, lo delego a alguien más.
- ○ Si no soy bueno en algo de inmediato, decido que jamás podré hacerlo bien.
- ○ Excuso mis fracasos para que no tenga que asumir la culpa de los mismos.
- ○ Cuando fracaso, finjo que en realidad no me importaba tener éxito en eso.

No te rindas tras un fracaso

- ○ Cuando fracaso, me siento muy avergonzado como para volver a intentarlo.
- ○ No le cuento a nadie cuando vivo algún fracaso.
- ○ Pierdo interés muy rápido si parece que no tendré éxito de inmediato.

¿Cuál sería un ejemplo de una ocasión en que te rindieras a la primera?

¿Cómo te sentiste?

¿Qué pensamientos pasaron por tu cabeza?

13 cosas que las personas mentalmente fuertes no hacen

Dejar de hacer algo vs. rendirte porque fracasaste

Es frecuente que escuches a personas decir cosas como: "Nunca te rindas". No coincido con eso en lo absoluto. Hay muchas cosas que deberíamos dejar de hacer y no me refiero solo a los malos hábitos, como fumar.

No tiene nada de malo que dejes de hacer cosas que no te reditúan. Si no te gusta tu trabajo, no te honra en absoluto que sigas sufriendo durante una década más. Deja ese trabajo y encuentra uno que sí quieras hacer.

Si te consigues un segundo trabajo en un esfuerzo por reducir alguna deuda y te das cuenta de que te sientes completamente infeliz porque estás tratando de trabajar ochenta horas a la semana, ¡déjalo!

La vida es muy corta como para hacer cosas que odias. Si fracasas en algo que no era para ti, no tienes que intentar hacerlo de nuevo.

Pero si hay algo que de verdad sientes que vale la pena, no dejes que las emociones incómodas que acompañan un fracaso te convenzan de no volver a hacer el intento. Quizás te sientas avergonzado, decepcionado y asustado. Está bien. Sigue adelante si todavía quieres alcanzar tu meta.

<u>¿Cuándo dejaste de hacer algo después de fracasar y te dio gusto haberlo hecho?</u>

No te rindas tras un fracaso

¿En qué ocasión te rendiste tras un fracaso, pero desearías haber hecho otro intento?

¿Por qué te rindes tras los fracasos?

Cada fracaso es una oportunidad para tomar una decisión. ¿Debes rendirte o debes intentarlo de nuevo? Tómate algunos minutos para pensar en las razones por las que a veces permites que un fracaso evite que vuelvas a intentarlo.

- ○ Me siento avergonzado.
- ○ Me siento muy frustrado como para seguir adelante.
- ○ Pienso que soy un perdedor que no puede hacer mejor las cosas.
- ○ Me da miedo que la gente se burle de mí.
- ○ Temo que no podré soportar otro fracaso
- ○ _____.

Hay ocasiones en que nuestra decisión de evitar un nuevo fracaso tiene menos que ver con el tropiezo en sí y más con el temor de que otros nos juzguen por haber fallado.

¿Te molesta más el fracaso o que otros te vean fracasar?

> *El fracaso más grande que experimenté fue cuando después de estudiar un posgrado no obtuve un trabajo que pensé que conseguiría con facilidad. Ni siquiera estuve entre los postulantes finalistas. Sentí que se me rompía el corazón. Reflexioné mucho, hablé con un terapeuta y me sentí terrible un par de meses. Entonces me esforcé por mejorar, por encontrar soluciones y, al paso del tiempo, surgió otra oportunidad incluso mejor que el trabajo que buscaba originalmente. Desde entonces, siempre he sabido que las cosas son temporales.*
>
> — Heidi Smith (40 años, Minnesota)

LA HISTORIA DE NATE

Nate empezó a ir a terapia porque quería tratar algunos asuntos no resueltos de su infancia. Lo crio una madre soltera que tenía un problema de abuso de sustancias y su padre rara vez tuvo contacto con él.

Quería ayuda para superar sus temores de que no era lo suficientemente bueno. Estaba seguro de que esta creencia se derivaba del hecho de que muchos de los novios de su madre lo habían maltratado durante su infancia.

No te rindas tras un fracaso

Una de las áreas en las que Nate carecía de confianza era en relación con sus habilidades físicas. Me dijo: "No tuve hermanos con quienes jugar y nadie jugó a la pelota conmigo. Pasé toda mi infancia viendo televisión. Ni siquiera aprendí a andar en bicicleta sino hasta la edad adulta".

A pesar de sentirse poco atlético, llevaba años asistiendo a un gimnasio y, con un poco de aliento de un amigo, decidió competir en un triatlón. Entrenó mucho durante un par de meses y se sintió orgulloso del trabajo que hizo para prepararse.

Pero la carrera no salió como planeaba. Entrenó dentro del gimnasio. Correr y andar en bicicleta a campo traviesa le pareció por completo distinto. Además, se preparó para la porción de natación de manera casi exclusiva en una alberca. Nadar en un río fue mucho más difícil; las corrientes y el oleaje lo agotaron y no pudo terminar la competencia.

En su primera cita después de la carrera, me informó: "No tenía nada que estar haciendo en ese tipo de carrera. Me puse en ridículo por intentarlo". Las viejas cintas en su cabeza que le decían que no era lo bastante bueno se estaban reproduciendo a todo volumen.

Discutimos sus opciones. Por supuesto, podía decidir que no quería intentar competir en otra carrera o podía tratar de nuevo. De inicio, quiso dejarlo todo de lado. Exploramos las razones por las que quería renunciar a todo (algo que explorarás un poco más adelante). Concluyó que quería rendirse porque estaba aterrado de volver a fracasar. No estaba seguro de que pudiera soportar otro fracaso en ese rubro. Dijo: "Ya me siento como un perdedor, no necesito que me den más pruebas de ello".

Pasamos un tiempo hablando acerca de historias de atletas exitosos que fracasaron en diversas ocasiones a lo largo de su trayectoria. También repasamos las veces en que otros de sus fracasos se convirtieron en increíbles resurgimientos; como la vez en que no obtuvo un trabajo solo para triunfar en otro mucho mejor más tarde.

Después de varias semanas, Nate decidió que entrenaría para otro triatlón. Esta vez, sabía a lo que se estaba enfrentando en realidad y podría incorporar ese conocimiento en su nueva preparación.

Mientras entrenaba para la nueva carrera, una de las cosas de las que hablamos fue cómo rendirse después de un fracaso inicial (algo que hacía por lo regular) reforzaba su creencia de que no era lo bastante bueno. Desafiar esa creencia al intentar algo de nuevo lo ayudó a ver que era más capaz de lo que él mismo reconocía. Intentarlo otra vez también le recordaba que tenía opciones: podía dejar de intentarlo en algún momento dado o podía tratar de hacerlo una vez más. Pero no era necesario que se diera por vencido de manera automática si fracasaba una vez. También desafiamos su creencia de que no era una persona atlética. Podía esforzarse por aumentar su capacidad física si así lo deseaba. Aferrarse a la vieja creencia de que no podía ser atlético no coincidía con su meta de terminar un triatlón.

Más tarde ese año, Nate compitió en otro triatlón. No ganó, pero sí finalizó la carrera. Estaba satisfecho de haber tratado de nuevo, pero se dio cuenta de que el título de "finalista en un triatlón" no eliminaba sus inseguridades, como lo había esperado. Todavía necesitaba trabajar más en terapia para abordar las heridas emocionales que aún estaban

> abiertas. Al acercarnos al final de sus sesiones, me dijo: "Ahora puedo ver que un logro jamás hará que al fin me sienta 'suficientemente bueno', pero saber que puedo lidiar con mis fracasos y volverlo a intentar ayuda a reducir la creencia de que estoy destinado a ser un perdedor".

EJERCICIOS DE FORTALEZA MENTAL

Es atemorizante volver a intentar algo después de que fracasas. Después de todo, no existe garantía alguna de que tu siguiente intento resulte exitoso. Sin embargo, los siguientes ejercicios de fortaleza mental te pueden ayudar a encontrar el valor de intentarlo de nuevo y de hacerlo con más información de la que tenías antes.

Cómo saber cuándo rendirte

Aunque perseverar cuando las cosas se ponen difíciles es importante, negarte a rendirte no siempre es una señal de fortaleza. Y elegir darte por vencido no quiere decir que eres un fracaso.

Hay muchas ocasiones en las que hace sentido rendirte y hay veces en que se necesita de una enorme cantidad de fortaleza para dar un paso atrás.

A continuación describo cinco ocasiones en que deberías dejar de hacer algo.

1. Descubres que los riesgos superan las posibles recompensas

Digamos que decides correr un maratón. Como parte de tu entrenamiento es preciso completar una carrera de cinco kilómetros, pero no la concluyes porque sientes que te falta el aire. Visitas a tu médico y descubres que tienes un padecimiento cardiaco subyacente y que entrenar para el maratón en este momento representaría un esfuerzo excesivo para tu corazón. Tu médico te recomienda que dejes de entrenar, ya que seguir haciéndolo pondría en grave riesgo tu salud.

Aquí resulta evidente que los riesgos superan por mucho las recompensas. Aunque recibir una medalla por terminar la carrera sería fabuloso, no vale la pena poner tu salud (y tu vida) en riesgo solo para poder presumir tus logros.

Sacrificar esa meta sería señal de sabiduría, no de debilidad.

Si en cualquier momento decides que volver a intentarlo después de fracasar podría costarte tu salud, el bienestar de tus relaciones o tu paz espiritual, rendirte bien puede ser la mejor opción.

¿Cuál sería un ejemplo de un momento en que dejaste de hacer algo porque los riesgos superaban las posibles recompensas?

2. *La recompensa no vale la pena el esfuerzo*

El fracaso podría enseñarte que la recompensa por la que estás luchando simplemente no vale el esfuerzo.

Quizás el problema es que has sobreestimado la recompensa. Por ejemplo, tal vez supones que con ganar 10% más o que con perder 5 kilos lograrás que tu vida sea mucho mejor de alguna manera.

Al empezar a intentar que las cosas sucedan, quizás te percates de que el éxito no te va a ofrecer la enorme recompensa que soñabas, así que podrías decidir no invertir el tiempo o el esfuerzo que se necesitarían para recibir ese rendimiento.

¿Cuál sería un ejemplo de alguna ocasión en que dejaste de hacer algo porque la recompensa no valía el esfuerzo?

3. *Tus metas cambiaron*

Digamos que decides emprender un negocio propio. Sin embargo, hasta el momento, tus esfuerzos por convertir ese segundo trabajo en una empresa en forma no han rendido frutos. Es posible que tu meta de poner un negocio tome un segundo lugar en el instante en que te enteres de algún problema de salud. Entonces, bien podrías decidir quedarte en tu trabajo actual (que tiene un fabuloso seguro de gastos médicos) y centrarte en tu salud antes que buscar algo diferente.

La primera vez que fracasas en algo también podría enseñarte que en realidad no quieres alcanzar esa meta. Sea porque las cosas a tu alrededor hayan cambiado o porque tú hayas cambiado de parecer, abandonar tus metas podría tener sentido.

¿Cuál sería un ejemplo de un momento en que dejaste de hacer algo porque tus metas cambiaron?

4. El proceso no se alinea con tus valores

Aunque pagar tus deudas a cinco años podrá sonar como una meta honorable, el trabajo que se requeriría para hacerlo podría no coincidir con tus valores. Si valoras tu tiempo con tu familia, tener tres trabajos diferentes para pagar tus cuentas no sería una buena idea.

Después de algunos meses, podrías decidir que tu meta interfiere con tus valores y eso podría hacer que te alejes de ella.

No te rindas tras un fracaso

¿Cuál sería un ejemplo de un momento en que dejaste de hacer algo porque el proceso no se alineaba con tus valores?

5. Te metiste en un pozo sin fondo

En psicología, esto se denomina "falacia del costo hundido" (o "irrecuperable"). Es la idea de que una vez que ya invertimos mucho tiempo o dinero en algo, deberíamos seguir adelante con ello, incluso si hay pocas probabilidades de que resulte exitoso.

Por ejemplo, si tu nuevo negocio está perdiendo dinero mes con mes, podrías verte tentado a seguir adelante hasta que puedas recuperar tu inversión. De manera similar, quizás quieras terminar un proyecto al que dedicaste incontables horas aunque no esté funcionando, solo porque no quieres que el tiempo que invertiste en él se desperdicie.

Es difícil alejarte de algo en lo que has puesto mucho esfuerzo, pero no es razonable seguir haciéndolo solo porque ya invertiste mucho tiempo o dinero. Más bien, deberías rendirte antes de que sigas cavando ese pozo sin fondo.

¿Cuál sería un ejemplo de un momento en que dejaste de hacer algo después de meterte en un pozo sin fondo?

Estudia fracasos famosos

> *Hay veces en que me siento de lo peor, como si no valiera nada. Esos son los momentos en los que tienes que poner un pie delante del otro solo para generar un impulso. Trato de colocar frases y cosas que me motivan por toda la casa para que cuando me sienta desanimado, ellas me recuerden los valores que sé que son importantes y verdaderos.*
>
> Scott (53 años, Texas)

Cuando analizamos las historias de éxito, es frecuente que solo estemos viendo el final de ellas. Sabemos de inventores, empresarios y celebridades exitosos cuando están en su mejor momento, pero ignoramos todos los fracasos que los llevaron hasta ese momento.

Mientras más nos centramos en el resultado final, más suponemos que el camino al éxito de estas personas fue llano, y esa suposición puede interferir con nuestra capacidad para arriesgarnos a fracasar dentro de nuestra propia vida.

Esto fue muy cierto en el caso de unos estudiantes. Una investigación llevada a cabo en el año de 2016: "Even Einstein Struggled: Effects of Learning about Great Scientists'

Struggles on High School Students' Motivation to Learn Science" (Hasta Einstein tuvo problemas: los efectos sobre la motivación de estudiantes de Ciencias en preparatoria después de aprender acerca de las dificultades que atravesaron los grandes científicos), que se publicó en el *Journal of Educational Psychology*, demostró lo importante que es enseñarles a los jóvenes acerca del fracaso. Los investigadores hallaron que cuando los maestros de preparatoria les enseñaban a estudiantes de ciencias sobre las hazañas de inventores, científicos e ingenieros famosos, las calificaciones de los estudiantes disminuían. Cuando los maestros compartían historias de los fracasos a los que estos individuos exitosos se habían enfrentado antes de triunfar, las calificaciones de los alumnos aumentaban.

Aunque es maravilloso enterarse de que Edison inventó el foco, saber el número de sus invenciones que fracasaron puede ser aún más poderoso. Los estudiantes que aprendieron sobre el fracaso se sintieron más cómodos con tomar riesgos. También se percataron de que los fracasos no significaban el final del camino.

Al igual que esos estudiantes, aprender de fracasos famosos podría ayudarte a tomar más riesgos. Es posible que te arriesgues, que te atrevas a fracasar y que te sientas motivado a intentarlo de nuevo.

¿Cuáles son algunas de tus historias favoritas de personas famosas que fracasaron? Si no conoces muchas, busca acerca del tema y encontrarás algunas historias interesantes.

Recuerda tus propias historias de resurgimiento

Aunque solía pensar que tenía una colección de fracasos que jamás quería volver a mencionar, al paso de los años me di cuenta de que algunos de mis fracasos más rotundos fueron oportunidades para mis resurgimientos más espectaculares.

Me rechazaron dos distintas instituciones educativas de posgrado. Recuerdo que rompí las cartas, las arrojé a la basura y no quise contarle a nadie que las recibí. Por fortuna, la tercera universidad en la que presenté una solicitud me aceptó y terminé mi posgrado. Pero, cerca de diez años después de recibir esas cartas, una mujer se acercó a mí al término de una conferencia que dicté sobre la fortaleza mental. Me pidió que firmara su ejemplar de *13 cosas que las personas mentalmente fuertes no hacen* y dijo que no podía esperar a contarles a sus compañeros que me había oído hablar. Le pregunté la universidad a la que estaba asistiendo y me dio el nombre de una de las que me rechazó. La misma universidad que no me permitió estudiar un posgrado ahora tiene mi libro en una lista de lecturas recomendadas. Esa es mi historia de resurgimiento personal favorita.

Esas historias, junto con muchas otras de momentos en los que fracasé, me impulsan a mejorar. Pero no es porque quiera decirles a las personas que me rechazaron que no tuvieron razón al hacerlo. Es porque todas esas historias me recuerdan que puedo seguir haciendo el intento a pesar del fracaso. Y lo hago por mí, no para desafiar a nadie.

No te rindas tras un fracaso

Al volver a pensar en lo mal que me sentí, en la forma en que encontré el valor para intentarlo de nuevo y en cómo me sentí cuando lo hice, recuerdo que puedo utilizar mis fracasos como oportunidades para hacerme más fuerte y para ser mejor.

<u>A continuación escribe tu propia historia de resurgimiento. No necesitas un fracaso enorme para disfrutar de un excelente retorno. Quizás te rechazaron en un trabajo, pero encontraste otro mejor. O, tal vez, justo después de que te rechazó algún interés romántico, alguien increíble entró en tu vida. Incluye detalles sobre cómo encontraste el valor para tratar una vez más. Siempre que te sientas tentado a rendirte, acuérdate de tu historia.</u>

> *Solía preocuparme de lo que los demás pensarían de mí si fracasaba en algo. Ahora, solo veo mis fracasos como oportunidades para mostrarles a las personas de lo que estoy hecho en realidad. Soy alguien que no tiene miedo de volver a intentarlo si fracaso una vez.*
>
> Jeff Veilleux (45 años, Francia)

Habla contigo mismo como si fueras un amigo de confianza

Si un amigo te hablara y te dijera: "No me dieron el trabajo", es casi seguro que le ofrecerías palabras de aliento como: "Lo siento mucho. Espero que encuentres algo mejor pronto". Seguramente no dirías algo como: "No me sorprende; eres un absoluto perdedor. No puedo creer que pienses que alguien querría contratar a una persona como tú".

Resulta curioso, sin embargo, que a menudo nos hablemos a nosotros mismos de manera crítica y hasta abusiva. Es posible que decidas que un fracaso es evidencia de que eres incompetente e incapaz y que no tiene ningún caso que lo vuelvas a intentar. O incluso si haces otro intento, podrías convencerte de que no vas a alcanzar el éxito y, en consecuencia, es posible que no te esfuerces tanto como podrías.

Las autocríticas despiadadas no te harán desempeñarte mejor, pero la compasión por ti sí podría hacerlo. La compasión por uno mismo también te puede hacer sentir mejor.

La manera más sencilla de practicar la compasión por uno mismo es simplemente preguntarte: "¿Qué le diría a un amigo en este momento?". Entonces, bríndate las mismas palabras amables (aunque ya te hayas dicho cosas no tan compasivas antes).

LO QUE PODRÍAS DECIRTE	LO QUE LE DIRÍAS A UN AMIGO
Vas a equivocarte.	Solo haz tu mejor esfuerzo.
Ni siquiera debiste intentarlo.	Puedes intentarlo de nuevo.
Te pusiste en vergüenza.	La gente te respetará por tratar.
Eres un perdedor porque fracasaste.	Eres muy valiente por haberlo intentado.

No te rindas tras un fracaso

¿Cuáles serían algunos ejemplos de las cosas malas que te dices a ti mismo y cómo podrías responder a esos pensamientos con cosas más amables que le dirías a un amigo? Llena el cuadro que aparece a continuación.

LO QUE PODRÍAS DECIRTE	LO QUE LE DIRÍAS A UN AMIGO

Normaliza el fracaso

En alguna oportunidad, trabajé con una mujer que dijo que una de las mejores cosas que sus padres hicieron por ella fue hablar acerca del fracaso de manera positiva durante su infancia. Cada viernes por la noche, su padre les preguntaba a todos los miembros de la familia en qué habían fracasado durante el curso de la semana. En lugar de alentarlos a presumir sus éxitos, le pedía a cada uno de sus hijos que compartiera algo que se habían atrevido a intentar y en lo que habían fracasado.

Me comentó que esas conversaciones semanales hicieron que estuviera bien hablar de sus fracasos. Si decía que no había obtenido un papel en la obra de teatro, su padre la hacía chocar la mano por lo alto por tener el valor de intentarlo. Si decía que había reprobado alguna materia, su papá le pedía que pensara en algo que pudiera hacer mejor en la siguiente oportunidad. Jamás los sermoneaba ni los avergonzaba. En lugar de eso, los alentaba a todos a que reflexionaran sobre sus propias soluciones a sus problemas y lo que iban a aprender de sus fracasos.

"Crecimos pensando que el fracaso era prueba de que estábamos intentando hacer cosas difíciles, no lo veíamos como algo malo", compartió.

¿No sería fantástico si todos pudiéramos estar seguros de que el fracaso es la evidencia de que somos valientes? Pues bien, tú puedes empezar a normalizar el fracaso dentro de tu propia vida hablando de tus fracasos con otras personas. Empieza tus oraciones con: "Yo fracaso en toda serie de cosas todo el tiempo", y observa lo que sucede a continuación. Los que te rodean podrían sentirse más cómodos.

Ten en cuenta que no es necesario que hables de fracasos enormes; es posible que cuentes con una buena cantidad de fracasos pequeños de los que también puedes hablar.

¿Cómo puedes empezar a hablar más de tus fracasos?

¿Quiénes son algunas de las personas con las que podrías compartir tus fracasos?

¿Cómo puedes empezar a enseñarles a las personas que estás orgulloso de ellas por hacer el intento, y no decepcionado de ellas por fracasar?

LA TAREA PARA ESTA SEMANA

Piensa en el número de veces que fracasaste esta semana. Es posible que sean fracasos pequeños, como no terminar algún pendiente a tiempo; pero quizás también haya algunos fracasos más importantes, como que hayan rechazado la propuesta de alguno de tus libros. Recuérdate que todos esos fracasos son prueba fiel de que te estás arriesgando, de que lo intentas. Si jamás fracasas, podría ser señal de que no te estás presionando con el suficiente ahínco.

13 cosas que las personas mentalmente fuertes no hacen

Crea tu plan para dejar de rendirte tras un fracaso inicial

¿Qué cosas puedes hacer para dejar de rendirte después de un fracaso inicial?

- ○ Identificar por qué me quiero rendir y determinar si, en realidad, dejar esto de lado no es lo más sano que pudiera hacer.
- ○ Estudiar fracasos famosos para inspirarme.
- ○ Recordarme mi historia favorita de resurgimiento personal.
- ○ Normalizar el fracaso.
- ○ Hablarme de la misma forma en que le hablaría a un amigo.
- ○ Recordarme que puedo con los sentimientos incómodos que acompañan al fracaso.
- ○ Tratar de nuevo aunque sea atemorizante.
- ○ _____.

Identifica un paso que puedas tomar para evitar rendirte tras un fracaso. Quizás necesites aumentar tu valentía o presionarte a seguir adelante aunque tu cerebro intente convencerte de que no deberías intentarlo de nuevo. A continuación enlisto algunos ejemplos de pasos que podrías tomar para dejar de rendirte tras un fracaso inicial.

No te rindas tras un fracaso

- Hablaré de mis fracasos con mis amigos para que no me sienta avergonzado cuando fracase o me rechacen.

- Cuando no logre alcanzar mi meta semanal, me sentaré a desarrollar un plan que pueda utilizar para tratar de mejorar a la semana siguiente.

- Cuando trate de convencerme de que no debería intentarlo de nuevo, me acordaré de mi historia favorita de resurgimiento personal para sentirme más valiente y arriesgarme de nuevo.

- Me comunicaré con diez clientes potenciales por semana aunque sé que la mayoría no aceptará mi propuesta; de todas maneras, seguiré adelante aunque no respondan a mi llamado.

- Escribiré mis fracasos en un pizarrón blanco a lo largo del año. Leeré cada uno para recordarme de lo valiente que fui al arriesgarme.

¿Qué paso podrías seguir para salir adelante después de fracasar?

¿Qué notarás acerca de ti mismo cuando dejes de rendirte tras un fracaso inicial?

¿Cómo cambiará tu vida?

Cuando DEJÉ de temer a la soledad...

Me senté con cada parte de mí que necesitaba sanar. Acepté mis partes rotas como una fuente de fortaleza más que de debilidad y llené los espacios vacíos con amor propio incondicional.

Lance Kelly (35 años, Pensilvania)

Me di cuenta de que no soy tan mala compañía.

Justin R. (31 años, Arizona)

Dejé de esperar a que los demás hicieran las cosas conmigo. Aprendí a explorar a solas y ya no me tengo que preocupar de que alguien más se esté divirtiendo.

María A. (27 años, Florida)

11

No le temas a la soledad

La pandemia obligó a muchas personas a pasar más tiempo a solas, y mientras que muchas quizás aprendieron a sentirse más cómodas estando consigo mismas, hay otras a las que tal vez les disguste más que nunca estar a solas después de aislarse de los demás por tantísimo tiempo.

Sin embargo, el temor a la soledad es muy anterior al covid-19. Muchas personas han batallado con esto por mucho tiempo.

La tecnología crea una extraña sensación de falsa conexión. Tal vez te encuentres recurriendo a las redes sociales para aliviar tu soledad pero, a la larga, todas esas conversaciones en línea podrían terminar por dejarte con una mayor sensación de aislamiento. Es frecuente que ese ciclo cause que las personas le teman a la soledad más que nunca porque equiparan el estar solas con sentirse solas. Gracias a nuestros dispositivos, lo cierto es que jamás tienes que estar a solas con tus pensamientos. Es fácil llenar cada instante de cada día con videos, artículos noticiosos e imágenes provenientes de las redes sociales. De modo que aunque aprender a estar a solas con tus pensamientos puede representar un desafío en el mundo de hoy, bien vale la pena hacer el esfuerzo.

¿CÓMO LE TEMES A LA SOLEDAD?

Aprender a sentirte más cómodo con el diálogo interno de tu mente es en extremo importante; no obstante, si todavía no te encuentras en ese punto, no te preocupes. Vamos a descubrir algunas estrategias que pueden enseñarte a sentirte más cómodo al estar contigo mismo y lo haremos un paso a la vez. Antes de que ahondemos más en la conversación del temor a la soledad y los ejercicios que pueden serte de ayuda, examinemos cómo es que esto se presenta dentro de tu vida. Echa un vistazo a las siguientes afirmaciones y pon una palomita junto a aquellas que más sientas que te describen.

- ○ Evito a toda costa estar a solas con mis pensamientos.
- ○ Mantengo algún ruido de fondo cuando estoy a solas para distraerme de mis pensamientos.
- ○ Cuando estoy solo, paso la mayor parte de mi tiempo en las redes sociales.
- ○ Evito hacer cosas o ir a lugares a solas.
- ○ Paso tiempo con personas que no me agradan porque eso es mejor que estar solo.
- ○ Aunque hubiera algún evento al que de verdad quisiera ir, no lo haría a menos que alguien me acompañara.

No le temas a la soledad

- ○ Prefiero estar con personas que no me tratan bien o cuya compañía no disfruto que estar solo.
- ○ Me disgusta ir a dormir porque es la primera vez en todo el día en que estoy en silencio.

¿Cuál sería un ejemplo de un momento en que te asustó estar a solas?

¿Qué tipo de pensamientos tuviste?

¿Cómo es que tus pensamientos y emociones afectaron tu comportamiento?

Estar solo vs. sentirte solo

Cuando hablo de soledad muchas personas me dicen que les encanta estar solas; pero cuando les pregunto qué hacen en esos momentos, me dicen que ven televisión o que escuchan pódcasts. De modo que aunque quizás estén solas, no están a solas con sus pensamientos. Hay una diferencia.

Cuando hablo de soledad, me refiero a la idea de que puedes estar en un sitio silencioso sin las distracciones de las redes sociales o sin una televisión encendida a todo volumen como ruido de fondo. Quizás implique salir a caminar sin audífonos o meditar algunos minutos. Hay muchas maneras de estar a solas con tus pensamientos.

No obstante, eso no significa que tengas que sentirte solo. Cuando aprendes a sentirte más cómodo dentro de ti, te puedes sentir mejor al estar solo. También puedes aprender a confiar en que puedes ser una excelente compañía para ti mismo.

Claro que estar alrededor de otras personas no es una cura infalible para la soledad. Puedes sentirte solo en una habitación llena de gente o en una reunión familiar. Conectar de manera real con las personas es lo que evita la soledad y para conectar con otros debes mostrarte vulnerable frente a ellos, lo que puede ser difícil de hacer.

Somos culturas sociales. En definitiva, necesitamos pasar algún tiempo alrededor de otros humanos para nuestro propio beneficio; pero también es importante encontrar un equilibrio que nos permita formar conexiones significativas con otros al mismo tiempo que nos sentimos cómodos en soledad.

No le temas a la soledad

En el pasado, ¿de qué formas lidiabas con tus sentimientos de soledad? ¿Qué te sirvió y qué no?

¿Por qué le temes a la soledad?

Hay muchas posibles razones por las que podría atemorizarte estar a solas. Comprender esas razones te puede ayudar a desarrollar un plan para que te sientas más cómodo con la soledad. Tómate unos minutos para considerar algunas de las razones por las que tal vez evites pasar tiempo contigo mismo. Pon una palomita junto a todas las afirmaciones que te suenen familiares y si piensas que no se incluyó algo en la lista, añádelo en el espacio en blanco.

- ○ Equiparo estar solo con sentirme solo.
- ○ Me siento incómodo con los pensamientos que corren por mi mente.
- ○ Me siento mal cuando estoy solo.
- ○ Mi mente revoluciona a mil por hora cuando todo está en silencio.
- ○ Supongo que hacer cosas a solas no será muy divertido.

- ○ En realidad, jamás he pasado tiempo a solas con mis pensamientos.
- ○ Soñar despierto o limitarme a pensar se me hace un desperdicio de tiempo.
- ○ Me da miedo que los demás piensen que soy un perdedor si hago cosas a solas.
- ○ Me siento ansioso siempre que estoy solo.
- ○ _____.

LA HISTORIA DE LILLY

Siempre que su novio anunciaba que tenía planes para el fin de semana que no la incluían a ella, Lilly se sentía enferma. Se imaginaba sentada por ahí, sintiéndose sola y aburrida cuando él no estaba en casa.

Para evitar que eso sucediera, solía llamar a sus padres para anunciarles que iría a su casa a cenar o que pasaría el día con ellos. Sus padres le daban una calurosa bienvenida siempre que quería visitarlos.

Cuando sus padres se fueron de vacaciones durante algunas semanas y su novio hizo planes para salir de la ciudad, lo que Lilly experimentó fue pánico. Y eso es lo que la motivó a ir en busca de terapia.

Me dijo: "No es que tema por mi integridad física. Lo que me aterra es estar a solas con los pensamientos dentro de mi cabeza. Eso no está bien".

Y es que su diálogo interno era demoledor. De manera constante se decía que no era lo suficientemente buena, se insultaba y se convencía de que no podría manejar cualquier desafío al que pudiera enfrentarse.

Con razón no quería estar sola. Era verbalmente abusiva hacia sí misma. Cuando le pregunté si le gustaría pasar tiempo con alguien que le hablara de la misma manera en que ella se hablaba a sí misma, me respondió que no. Era evidente que nuestro primer reto era ayudarla a tratarse con amabilidad. Una vez que empezó a hablarse como haría con una amiga, Lilly se sintió mejor.

También necesitaba confiar en que podría manejar el sentirse incómoda. Aprendió a reconocer si sus sentimientos eran amigos o enemigos (un ejercicio que descubrirás en breve). Si se sentía ansiosa o triste cuando estaba sola, no había problema. Esos eran sentimientos que podía tolerar.

De todas maneras, empezamos con poco. Todos los días empezó a pasar algunos minutos a solas con sus pensamientos. En ocasiones, simplemente escribía en su diario durante 10 minutos. En otros momentos conducía su coche en silencio, sin escuchar un pódcast ni música.

Al paso del tiempo, se desafió a intentar cosas nuevas a solas, como comer en un restaurante o explorar un parque. Hacer actividades divertidas por su cuenta le ayudó a entender que estar sola también podía estar bien. Estas citas regulares consigo misma la ayudaron a ver que pasar tiempo a solas podía, de hecho, ser divertido.

Para el final de nuestro tiempo juntas, Lilly experimentó una nueva sensación de paz interna. Era más amable consigo misma, lo que hacía que estar a solas con su diálogo interno fuera mucho más agradable.

EJERCICIOS DE FORTALEZA MENTAL

Aprender a estar contigo mismo es una habilidad y, por fortuna, hay ejercicios que pueden ayudarte a construir la fortaleza mental que necesitas para tolerar los sentimientos incómodos que pueden surgir cuando estás a solas, así como ejercicios que te harán sentir más cómodo cuando estés solo. A continuación te comparto algunos de mis ejercicios favoritos para ayudarte a dejar de temerle a la soledad.

Pregúntate si tus emociones son amigas o enemigas

Si no estás acostumbrado a pasar tiempo a solas, es más que probable que te sientas incómodo. Pero solo porque te sientes así no significa que no deberías tratar de seguir haciéndolo.

En ocasiones, resulta provechoso tolerar una emoción incómoda, aunque no siempre. Esa es la razón por la que es importante que preguntes si tus emociones son amigas o enemigas.

Una emoción no es ni buena, ni mala. No obstante, muchas personas piensan que el entusiasmo es una emoción positiva, mientras que el enojo es una emoción negativa. Pero cualquier emoción tiene el potencial de ser positiva o negativa. Aunque pueda no parecer que hay nada positivo acerca de una emoción incómoda como el terror, cualquier emoción puede ser una oportunidad para que aprendas algo más acerca de ti.

El entusiasmo puede ser un amigo si estás planeando unas vacaciones y anticipando todas las cosas divertidas que vas a hacer.

Pero podría ser una enemiga si te exaltas con una oportunidad para hacerte rico en menos de lo que canta un gallo y pasas por alto todos los riesgos a los que podrías enfrentarte.

El enojo puede ser tu amigo si te ayuda a defenderte y a alzar la voz frente a una injusticia social, o puede ser tu enemigo cuando provoque que le digas algo hiriente a un ser querido.

A continuación enlisto ejemplos en que ciertas emociones pueden ser amigas de alguien o sus enemigas.

	AMIGA	ENEMIGA
Enojo	Me ayudó a decirle a mi jefe que nos estaban tratando de manera injusta.	Me hizo decirle algo descortés al gerente de proyectos y por ello me reprendieron.
Ansiedad	Me advirtió que la relación en la que estaba era dañina.	Me convenció de que no me fuera de fin de semana con mis amigos porque me preocupó que algo malo fuera a suceder.
Temor	Evitó que experimentara con drogas.	Evitó que alguna vez intentara escribir un libro.
Tristeza	Me ayudó a honrar la pérdida de mi abuela.	Me convence de quedarme a solas en casa muchas veces.
Entusiasmo	Hizo que mis vacaciones fueran más emocionantes.	Se me dificultó ser productivo en el trabajo toda la semana anterior a mis vacaciones.

Piensa en momentos de tu vida en que una emoción específica fue tu amiga o tu enemiga.

13 cosas que las personas mentalmente fuertes no hacen

	AMIGA	ENEMIGA
Enojo		
Ansiedad		
Temor		
Tristeza		
Entusiasmo		

Ahora, piensa en las emociones que a menudo se despiertan cuando estás a solas con tus pensamientos. ¿Cuáles son algunas de ellas?

No le temas a la soledad

¿Qué puedes aprender de aquellas emociones? En esos momentos, ¿son tus amigas o tus enemigas?

Si son amigas, dales la bienvenida. Si son enemigas, desarrolla un plan para lidiar con ellas. Tus emociones pueden ser una señal de que debes obrar algunos cambios en tu vida. Por ejemplo, si te preocupas constantemente por el trabajo cuando estás a solas con tus pensamientos, tu ansiedad podría estar tratando de decirte algo, como que podrías beneficiarte de establecer mejores límites con tu jefe o que eres un perfeccionista.

¿Qué puedes aprender de las emociones que experimentas cuando estas a solas?

¿Existen algunos cambios que querrías hacer en tu vida?

Mira de lejos

Es fácil concentrarse en lo que tienes que hacer de inmediato y perder de vista el panorama general de tu vida. Quizás te preocupes muchísimo por lo que te vas a poner para ir al trabajo ese día o cómo vas a lograr hacer todo lo que tienes apuntado en tu lista de pendientes.

Esas pequeñas preocupaciones se acumulan a lo largo de tu día y consumen mucho de tu tiempo y de tu energía mental. Eso podría no dejarte el tiempo suficiente como para reflexionar acerca del panorama general de tu vida.

¿Estás viviendo de acuerdo con tus valores? ¿Tienes algunas metas en las que te gustaría trabajar? ¿Hay algún cambio que desees hacer?

Es importante pasar más tiempo planeando tu vida del que pasas planeando lo que vas a hacer el viernes por la noche o lo que te vas a poner para ir a una boda.

El tiempo a solas es una oportunidad única para mirar de lejos y pensar en el panorama general de tu vida.

En alguna ocasión, mi abuela me dijo que quería asegurarse de que nadie, jamás, colocara las palabras "Sus intenciones eran buenas…" sobre su lápida. En lugar de eso, quería *hacer las cosas bien*. Y sin duda lo hizo. Tener eso en mente la llevó a lograr cosas grandiosas. Incluso después de cumplir 80 años, seguía tejiendo chales de oración para los ancianos más aislados.

No le temas a la soledad

Crear un lema que no quieres que pongan en tu lápida podría impulsarte a mantener el panorama general de tu vida en mente. Por ejemplo, nadie quiere que su lápida diga: "En definitiva, hacía mucho quehacer" o "Trabajaba tanto que su familia nunca lo veía".

¿Qué frase jamás querrías que pusieran en tu futura lápida?

Ahora, piensa en aquello por lo que quieres que te conozcan. Imagina que un ser querido le da tu descripción a alguien que jamás te conoció. ¿Qué te gustaría que dijera de ti?

Invertir más tiempo a solas, sea que escribas en un diario, te pongas metas o que solo pienses en los cambios que quieres hacer en tu vida, puede ayudar a asegurarte que estás haciendo esas cosas por las que quieres que te conozcan.

¿Qué puedes hacer durante tu tiempo a solas que te ayude a alcanzar esas metas? Podría involucrar planes, horarios, escribir en un diario o solo reflexionar.

> *Me di cuenta de que estar a solas con mis pensamientos era como enfrentar cualquier otro miedo. Tenía que practicar para hacerlo. Mientras más lo practicaba, menos atemorizante me parecía.*
>
> EMILY (43 años, Arkansas)

Ve poco a poco

Si por lo general no pasas mucho tiempo a solas, no empieces con tres semanas en completo aislamiento. En lugar de eso, ve poco a poco.

- ▸ Pasa dos minutos sentado a solas en silencio.
- ▸ Practica atención plena durante cinco minutos al día.
- ▸ Escribe en un diario durante 10 minutos al día.
- ▸ Apaga la música en tu coche cuando estés en un alto.
- ▸ Toma una caminata de 15 minutos al aire libre.

No le temas a la soledad

¿Qué cosas puedes hacer esta semana para practicar estar a solas con tus pensamientos?

Programa una cita contigo mismo

No tienes que quedarte sentado en casa y mirar las paredes durante tu tiempo a solas. En lugar de eso, puedes hacer cosas divertidas. De hecho, es importante que garantices que tu tiempo de soledad sea divertido de vez en cuando. Así, no reservarás tiempo a solas solo para tener esas conversaciones formales contigo mismo. En lugar de eso, también puedes divertirte.

A continuación enlisto algunas de las cosas que puedes hacer a solas:

- ▶ Sal a cenar.
- ▶ Ve al cine.
- ▶ Acude a un evento comunitario.
- ▶ Haz senderismo.
- ▶ Visita un museo.

¿Qué actividad que jamás hayas intentado hacer a solas podrías intentar hacer contigo mismo?

LA TAREA PARA ESTA SEMANA

Aparta algunos minutos de cada día para sentarte en silencio y observa qué pasa. Presta atención a cualquier emoción incómoda que pueda surgir: soledad, ansiedad, culpa, aburrimiento o cualquier otra cosa. Practica tolerarlas. Aprender más acerca de tus emociones es una excelente manera de conocerte mejor.

Crea tu plan para dejar de temer la soledad

¿Qué cosas podrías hacer para sentirte más cómodo con estar a solas?

- ○ Aparta un tiempo para sentarte en silencio a diario.
- ○ Presta más atención a las emociones que surjan cuando estés solo y determina si son amigas o enemigas.
- ○ Programa citas contigo mismo.

No le temas a la soledad

- ○ Presta atención a los pensamientos que corren por tu cabeza cuando estás a solas y permite que sucedan.
- ○ Identifica qué interfiere con que pases tiempo a solas.
- ○ Empieza a reconocer los beneficios de la soledad para que ignores a tu cerebro cuando intente convencerte de que es una pérdida de tiempo.

Identifica un paso que puedas tomar para sentirte más cómodo al sentarte en silencio contigo mismo. Algunos ejemplos de estos pasos podrían incluir:

- ▶ Apartaré 10 minutos de cada noche solo para sentarme a pensar.
- ▶ Empezaré a llevar un diario cada mañana durante 15 minutos completos para que así pueda estar a solas con mis pensamientos.
- ▶ Si alguien no quiere ir al cine conmigo, iré a solas en lugar de esperar a que alguien más me quiera acompañar.
- ▶ Programaré una cita semanal conmigo en la que exploraré un nuevo sitio o probaré un restaurante nuevo.
- ▶ Este año voy a planear escaparme todo un fin de semana a solas.

¿Cuál sería un paso para sentirte más cómodo al estar a solas?

¿Qué notarás de ti mismo una vez que empieces a pasar un tiempo a solas?

¿Cómo cambiará tu vida?

Cuando DEJÉ de sentir que el mundo me debía algo...

Pienso que empecé a sentirme satisfecha y agradecida con lo que tengo. Creo que te esfuerzas más y que disfrutas del proceso de obtener las cosas que decides que quieres.

Soheila Assar (43 años, California)

Supe que era mi responsabilidad hacer lo mejor por mí mismo, aunque no hubiera garantías.

Tyson S. (36 años, Colorado)

Dejé de tratar de convencer a los demás de lo difícil que era mi vida. Me di cuenta de que sin importar lo complicadas que hubieran sido las cosas, el mundo no tenía obligación de compensarme ahora.

Carly Garrison (26 años, Iowa)

12

No sientas que el mundo te debe algo

Durante mi primer semestre como profesora de Psicología en la universidad, una estudiante muy enojada se acercó a mí para discutir su calificación. "¡No puedo creer que me haya reprobado! ¡Me esforcé muchísimo en esto!". No tenía dudas de que hubiera trabajado mucho, pero llevó a cabo la asignación de manera errónea. No escuchó las instrucciones, ni las leyó correctamente, pero demandó que le diera una calificación alta.

Reconocí su arduo trabajo y validé su frustración. También le dejé saber que la nota no iba a cambiar. Calificaba a los alumnos de acuerdo con su capacidad para mostrarme lo que estaban aprendiendo, no por el número de horas que le dedicaran al trabajo. Más tarde, esa misma noche, recibí un correo electrónico de parte de la madre de la estudiante, en el que insistía que cambiara su calificación. No lo hice, por supuesto. El trabajo arduo no garantiza el éxito.

No obstante, hay ocasiones en que pensamos que merecemos ciertas cosas solo porque trabajamos mucho. Sin embargo, el que invirtamos un enorme esfuerzo no significa que obtengamos alguna recompensa. Siempre que me encuentro pensando que merezco el éxito, recuerdo que hay madres en países en desarrollo que pasan horas acarreando agua desde un lejano pozo solo para que sus familias sobrevivan ese día. Hay mucha gente allá afuera que trabaja mucho más que yo. Por fortuna, cuando nos encontremos sintiéndonos merecedores, hay muchos ejercicios de fortaleza mental que nos pueden ser de ayuda.

¿CÓMO ES QUE SIENTES QUE EL MUNDO TE DEBE ALGO?

Lo más probable es que todos hayamos tenido momentos en que sintamos que se nos debe más de lo que estamos obteniendo. Eso no significa que no debes presionar para que se te trate de mejor manera o que trabajes para que las cosas sean mejores; eso es algo que deberías hacer. Ahondaré un poco más en esto páginas adelante. También exploraremos los ejercicios que puedan ayudarte a renunciar a esa sensación de merecimiento (incluso cuando sea algo sutil). No obstante, antes de que exploremos esas estrategias, examinemos cómo es que podrías sentir que el mundo te debe algo. Analiza las siguientes afirmaciones y coloca una palomita junto a cualquiera que pienses que te describe.

- ◯ Hago favores a los demás con la expectativa de que hagan lo mismo por mí.
- ◯ Creo que debería recibir la misma cantidad de amabilidad que yo le muestre al mundo.

No sientas que el mundo te debe algo

- ○ Paso mucho tiempo pensando acerca de la justicia.
- ○ Me enojo con las personas que no me parecen ser tan generosas hacia mí como yo lo soy hacia ellas.
- ○ Actúo como si las reglas y leyes no se aplicaran a mí.
- ○ Me altero cuando no se me recompensa por algo que hice.
- ○ Cuando la gente me trata mal, les ruego que me traten de mejor manera (en lugar de establecer mejores límites con ellas).

¿Cuál sería un ejemplo de una situación en la que sentiste que el mundo te debía algo?

¿Qué estabas pensando?

¿Cómo es que tus pensamientos y emociones influyeron en tu comportamiento?

Querer una mejor vida vs. la sensación de merecimiento

Hay ocasiones en que se distorsiona un poco la idea de que no debes sentirte merecedor de algo. Escucho a las personas decir: "¡No, *claro* que merezco algo mejor!".

> *Todos pasamos por periodos de "No me merezco esto, merezco algo mejor" o "Debí nacer rico". Sin embargo, cuando miras a tu alrededor y visualizas lo que de verdad tienes (y que no son cosas materiales) te das cuenta de las bendiciones que has recibido. Hay muchísimos otros en este mundo que necesitan más de lo que la mayoría sí tenemos.*
>
> Rolando Villarreal
> (64 años, México)

Por supuesto que mereces otra cosa si alguien te está maltratando. Hay mucha gente amable en el mundo que te tratará bien y tú mereces estar alrededor de esas personas, no de alguien que abusa de ti.

Querer una mejor vida para ti es una cosa. Si creciste en la pobreza, tu meta podría ser darles una mejor infancia a tus hijos. O si no estás contento con tu profesión actual, sería sano que hicieras algún cambio. Pero pensar que el mundo te debe algo es por completo diferente. Eso es creer que deberían sucederte cosas buenas solo porque eres una excelente persona o porque sobreviviste momentos difíciles.

Es frecuente que la gente me diga: "Es fantástico que hayas logrado escribir un libro. Después de perder a tu madre y a tu marido, mereces que te pasen cosas buenas". Pues no. Pasar por dificultades no me hace más merecedora que cualquier otra persona. Y créeme, las cosas buenas que me pasan no borran las cosas malas. Así es la vida. Una persona no merece más que otra.

Claro que es normal alentar con la voz un poco más fuerte cuando vemos a alguien que supera obstáculos difíciles. Es fantástico escuchar la historia de alguna persona sin hogar que se convierte en un exitoso empresario. Pero solo porque alguien no tuvo un hogar durante un tiempo de sus vidas no significa que merezca más éxito en adelante.

¿Cuándo has tenido algún momento de tu vida en que has querido cosas mejores sin experimentar una sensación de merecimiento?

¿Por qué sientes que el mundo te debe algo?

Quizás te dijeron que las cosas buenas les suceden a las personas buenas, o que el trabajo arduo siempre conduce al éxito. Hay ocasiones en que esas creencias pueden llevar a una actitud de merecimiento.

Claro que proyectar buenas vibras al mundo puede serte beneficioso. Si pasas el día con una sonrisa en tu rostro, es más probable que la gente que te rodea se muestre más amistosa y te trate con mayor amabilidad. Sin embargo, esos rendimientos de positividad que recibes por ser una persona positiva son un subproducto de tu comportamiento. Si solo proyectas buenas vibras con la única intención de obtener alguna recompensa, lo más seguro es que termines decepcionado cada vez que no obtengas el rendimiento de la inversión que piensas que mereces recibir.

Medita en cuántas de estas afirmaciones podrían llevarte a experimentar una sensación de merecimiento:

- ◯ Quiero que la vida sea justa.
- ◯ Quiero tener control sobre lo que me sucede.
- ◯ Creo que se me debería compensar por ser una buena persona.
- ◯ Creo que nací para ser exitoso.
- ◯ Creo que soy especial.
- ◯ Creo que las vibras positivas que proyecto al mundo deberían regresar a mí.
- ◯ _____.

No sientas que el mundo te debe algo

> *Solía pensar cosas como: "¿Acaso no merezco que me suceda algo bueno por una sola vez el día de hoy?", como si lo malo que me hubiera sucedido en días anteriores me hiciera más merecedor de un resultado positivo en el futuro. Cuando dejé de hacer eso, empecé a asumir la responsabilidad de tener un bien día, en lugar de esperar que alguien más me proveyera con la felicidad que busco.*
>
> CRAIG DENNISON (42 años, Ohio)

LA HISTORIA DE LYNN

Lynn empezó a tomar terapia conmigo porque se sentía deprimida. Ya había hablado con diversos terapeutas para trabajar los traumas que enfrentaba en su vida. Pensaba que la terapia le había sido de ayuda en el pasado, de modo que esperaba que también pudiera ayudarle con su depresión.

Lynn estaba muy interesada en lo que llamaba la "Ley de la atracción", pero su interpretación de la misma era que siempre que pensara que le iban a pasar cosas buenas, el mundo respondería de forma acorde.

Tenía un tablero de visión lleno de imágenes de los sitios exóticos que quería visitar, del auto deportivo rojo que anhelaba tener y de la preciosa mansión que buscaba comprar. Pasaba mucho tiempo imaginando que disfrutaba de todas estas cosas maravillosas y esperando, sin siquiera dudarlo, que la fortuna llegaría a su puerta de alguna manera u otra.

Sin embargo, no estaba haciendo nada para que esas cosas sucedieran. En lugar de ello, trabajaba en un empleo que apenas y pagaba sus gastos básicos de vida. Hacía poco, su coche se había averiado y no tenía el dinero suficiente para repararlo. De modo que adquirir un coche deportivo rojo era una idea descabellada. De todas maneras, estaba convencida de que podía "manifestar" que llegara a ella una enorme grandeza con el poder de sus pensamientos.

Su terapia se centró en ayudarla a ver que, aunque pensar en cosas positivas no tenía nada de malo, sus pensamientos no poseían ningún tipo de poder mágico. No merecería la riqueza material por el simple hecho de que lo había puesto en su tablero de visión... Tenía que tomar medidas para que esas cosas sucedieran.

Una de las cosas que hicimos fue echar una mirada a lo que ella tenía que darle al mundo (un ejercicio del que hablaremos más adelante en este capítulo). Creó un nuevo tablero de visión. En lugar de llenarlo con las cosas que esperaba que el universo le diera, el tablero ahora mostraba los dones con los que ella podía contribuir a la sociedad.

Lynn era una persona amable, inteligente y compasiva. Tenía el talento para ayudar a personas necesitadas, en especial a niños que atravesaron experiencias traumáticas. Empezó a tejer gorros y guantes de invierno para niños en hogares de acogida. Puso eso en su tablero de visión porque sabía que podía hacer una diferencia en la vida de un niño.

También se visualizó trabajando duro para mejorar sus oportunidades de éxito, en lugar de limitarse a visualizar los dones que el universo estaba por otorgarle.

Tan pronto como hizo ese cambio, se empoderó mucho. Empezó a creer que tenía la potestad para cambiar su mundo y que no necesitaba esperar de manera pasiva a que el universo le concediera lo que ella deseaba.

No sientas que el mundo te debe algo

> Para el final de nuestros encuentros, Lynn ya se había comprado un auto. No era el deportivo que puso en su tablero de visión, pero era un coche confiable que la ayudaba a llegar al trabajo de manera consistente. Durante su última sesión, me dijo: "Solía creer que el universo me regalaría cosas. Ahora, creo en mis habilidades para trabajar duro, resolver problemas y manejar mis decepciones".

EJERCICIOS DE FORTALEZA MENTAL

Puede resultar difícil lidiar con todas las emociones que surgen cuando sientes que no estás obteniendo lo que te corresponde. Por fortuna, existen varios ejercicios que pueden ayudarte a construir la fortaleza mental que necesitas para dejar de sentir que el mundo te debe algo. A continuación te describo algunas de mis estrategias favoritas.

Huele la pizza

Hay ocasiones en las que no serás tratado de la manera en que quieres que lo hagan, pero eso no necesariamente quiere decir que tengas que establecer un límite. Quizás esperaste en una línea telefónica durante mucho tiempo solo para descubrir que la persona que contesta no puede ayudarte. Decirle que no volverás a hablarle no va a cambiar nada.

En esas situaciones, es posible que de inmediato pienses: "¡Merezco que se me trate de mejor manera!".

Esas ideas de merecimiento irrigarán un torrente de hormonas por tu cuerpo e impulsarán tu creencia de que el mundo está tratando de diezmarte.

13 cosas que las personas mentalmente fuertes no hacen

Una rápida manera para tranquilizarte es que "huelas la pizza". Esta es la forma en que funciona:

1. Respira lentamente por la nariz, como si estuvieras olisqueando una deliciosa rebanada de pizza.
2. Ahora, exhala lentamente a través de tus labios fruncidos, como si estuvieras tratando de enfriar la pizza.
3. Repite esto tres veces para ayudar a calmar tu cerebro y tu cuerpo.

Una vez que te sientas calmado, podrás pensar con más claridad y es posible que haya menos probabilidades de que descargues tus frustraciones con quienes te rodean, incluso si las cosas no son justas.

> Si alguien te está maltratando, no mereces que te traten así. Sea que tengas un jefe abusivo o un amigo poco amable, en estas circunstancias tu meta no debería ser aumentar tu fortaleza mental para que puedas tolerar un mayor maltrato. La meta debería ser establecer límites y cambiar tu entrono para que puedas convertirte en la versión más fuerte y mejor de ti mismo. Quizás puedas "oler la pizza" como una forma para ayudarte a hacer acopio de la fuerza que necesitas para actuar.

No sientas que el mundo te debe algo

¿Cuáles serían algunas ocasiones de tu vida donde te sea de utilidad detenerte a "oler la pizza"?

Escríbete una carta amable

Hay veces en que las mejores palabras de sabiduría provienen de uno mismo. Sin embargo, resulta difícil recordar esas palabras de aliento cuando te sientes abrumado, estresado o enojado con el mundo.

Y ahí es donde entra la carta amable a ti mismo. Cuando te sientas sereno, escríbete una carta que te recuerde que aunque tu arduo trabajo no siempre se reconozca, o aunque no siempre se te aprecie por las cosas buenas que hagas, sigues siendo una persona excelente y puedes elegir seguir adelante por ese camino.

A continuación te comparto una carta de muestra que podrías escribirte a ti mismo:

Querida Jill:

Sin duda te enfrentarás a muchas ocasiones en que la vida logrará derribarte, pero en cada una de ellas, tú tienes la opción de volver a levantarte.

No tiene caso que pierdas tu tiempo con quejas. En lugar de eso, recoge los pedazos y sigue adelante. No te preocupes por llevar un marcador y por pensar si mereces tal infortunio.

Eres una persona excelente, pero habrá veces en que te pasen cosas malas. Acéptalo, sigue tu camino y mantente fuerte.

Ahora, escríbete una carta.

No sientas que el mundo te debe algo

Tal vez quieras pasar la carta a una hoja de papel que no esté dentro de este cuaderno de trabajo. Tenla a la mano; podría ser dentro de tu escritorio o guardarla en tu teléfono. Después, léela siempre que necesites un pequeño recordatorio de que estás bien y de que puedes pasar por los momentos difíciles incluso cuando la vida no sea amable contigo.

> *Sigo retribuyendo, sirviendo de madre sustituta con niños y trabajando en comedores de beneficencia, y en mi propia cocina tengo un gran letrero que dice: "Alguien más se siente feliz con menos de lo que tienes tú".*
>
> MICHELLE PSYCK (52 años, Dakota del Norte)

¿Qué puedes darle al mundo?

¿Alguna vez has pensado en los dones que tú tienes que darle al mundo? Ten en mente que un regalo no es un préstamo. No es que le prestes tus talentos al mundo solo para recibir un pago con intereses.

Eso no significa que no debas cobrar por tu tiempo o que siempre deberías acceder a peticiones de favores. Sin embargo, tienes la oportunidad de dejar tu huella en el mundo. Ser amable con los demás, enseñarle algo nuevo a alguien y compartir tus talentos son solo algunas maneras en que podrías dejar al mundo un poco mejor que como lo encontraste.

¿Qué puedes ofrecerles a otras personas? ¿Talentos, conocimientos, tiempo?

¿Cómo podrías mantenerte más centrado en lo que puedes dar más que en lo que crees que mereces recibir?

LA TAREA PARA ESTA SEMANA

Presta atención a cuando te encuentres pensando que mereces un trato privilegiado. ¿Existen momentos en que sientas que eres más especial que todos los demás? ¿Hay momentos en que sientes que estás por encima de las reglas?

No sientas que el mundo te debe algo

Crea tu plan para evitar sentir que el mundo te debe algo

¿Qués cosas puedes hacer para dejar de sentir que el mundo te debe algo?

- ○ Establecer límites para crear una vida sana.

- ○ Escribirme una carta amable que pueda leer siempre que tenga la sensación de merecimiento.

- ○ "Oler la pizza" para tranquilizar mi cerebro y mi cuerpo cuando me sienta merecedor de algo.

- ○ Reconocer lo que yo puedo darle al mundo.

- ○ Replantear mis pensamientos cuando insista en que el mundo me debe algo.

- ○ _____.

Identifica algunos pasos concretos que puedas tomar para dejar de sentir que el mundo te debe algo. A continuación enlisto algunos ejemplos del aspecto que podrían tener algunos de esos pasos:

- ▶ Cuando me encuentre pensando que algo es injusto, recordaré que no tiene nada de malo que así sea.

- ▶ Trataré de detenerme cuando quiera que las reglas no se apliquen en mí y reflexionaré las razones por las que pienso así.

- ▶ Cuando alguien me maltrate, estableceré límites sanos.

▸ Cuando insista en que alguien me debe algo, me recordaré que fue mi decisión ayudarlos o darles algo.

¿Qué paso podrías dar para ayudarte a dejar de sentir que el mundo te debe algo?

¿Qué notarás de ti mismo una vez que dejes de sentir que el mundo te debe algo?

¿Cómo cambiará tu vida?

Cuando DEJÉ de esperar resultados inmediatos...

Me di cuenta de que incluso si aún no estoy donde quiero estar, ¡eventualmente voy a llegar a ese punto!

Bill Bamber (79 años, Canadá)

Encontré que tenía más paciencia de la que jamás pensé tener.

Eric H. (25 años, Massachusetts)

Dejé de estresarme tanto por todo. Relajé mis tiempos y me di cuenta de que cuando las cosas suceden a un ritmo menos acelerado, tengo la oportunidad de aprender mientras espero.

Greg Haskell (34 años, Washington)

13

No esperes resultados inmediatos

Vivimos en un mundo en el que podemos obtener una respuesta a casi cualquier pregunta al cabo de un minuto, y en el que pueden entregarte productos a la puerta de tu casa en cuestión de algunas horas. Mientras más frecuente es que la tecnología posibilite que las cosas sucedan con rapidez, menos paciencia tenemos cuando de ver resultados se trata.

Sin embargo, el crecimiento personal sucede a un paso mucho más lento. No cambiarás tus hábitos, mejorarás tus relaciones o te harás más experto en administrar tus emociones de un momento para otro. Y no solo se requiere de tiempo para obrar cambios duraderos, también necesitas acrecentar tus habilidades por medio de la práctica. Por fortuna, existen algunas estrategias que pueden ayudarte a persistir aun cuando no veas cambios de la noche a la mañana.

¿CÓMO ES QUE ESPERAS RESULTADOS INMEDIATOS?

Sea que quieras fortalecerte mentalmente o que busques ser más sano en términos físicos, los ejercicios de este capítulo te permitirán no desviarte de tu camino. Antes de que los analicemos, examinemos las maneras en que podrías esperar resultados inmediatos. Revisa las siguientes afirmaciones y pon una palomita junto a las que pienses que mejor te definen.

- ◯ Me doy por vencido si no veo resultados de manera inmediata.
- ◯ Sobreestimo el tiempo que me llevará lograr algo.
- ◯ Subestimo lo difícil que será alguna tarea.
- ◯ En ocasiones, tomo medidas poco saludables para acelerar las cosas.
- ◯ Empiezo a hacer las cosas con gran vigor… pero luego no puedo sostener esa misma energía a largo plazo.
- ◯ Imagino el tiempo que me llevará hacer algo y ni siquiera me molesto en intentarlo.

¿Cuál sería un ejemplo de alguna ocasión en la que esperaste resultados inmediatos?

No esperes resultados inmediatos

¿Cuáles son algunas de las cosas que pensaste?

¿Cómo te sentías?

¿Cómo es que tus pensamientos y emociones afectaron tu conducta?

ESPERAR RESULTADOS INMEDIATOS VS. HACER QUE LAS COSAS SUCEDAN RÁPIDO

No tiene nada de malo que te esfuerces por hacer que las cosas sucedan rápido. Pero eso es diferente a esperar resultados inmediatos.

Digamos que quieres perder unos 50 kilogramos de tu peso corporal. Esperar conseguirlo en el transcurso de un mes es muy poco realista. Sin embargo, puedes empezar a esforzarte mucho para que suceda de manera más rápida; puedes ir al gimnasio, contratar a un entrenador personal y cambiar tu dieta. Tal vez te lleve un año perder todo ese peso de manera segura, pero el trabajo arduo día con día podrá ayudarte a llegar a tu meta.

Las personas que esperan resultados inmediatos a menudo hacen un par de cosas: empiezan con tal intensidad que no pueden sostener el esfuerzo para ver resultados o se centran tanto en el tiempo que les llevará cumplir su objetivo que se les olvida analizar los pasos que pueden tomar de manera inmediata. La desesperación por ver resultados inmediatos también puede llevar a la gente a tomar atajos poco saludables que, a la larga, podrían resultar contraproducentes.

¿Cuál fue algún momento en que esperaste resultados inmediatos y eso no salió muy bien?

¿Cuál sería una meta en la que te hayas esforzado y que requirió de persistencia a largo plazo?

No esperes resultados inmediatos

¿POR QUÉ ESPERAS RESULTADOS INMEDIATOS?

Existen varias posibles razones por las que esperes resultados inmediatos. Considera cuántas de las siguientes te parecen ciertas, y si piensas en algo que no aparezca en la lista, añádelo en el espacio en blanco:

- ○ No quiero desperdiciar mi tiempo si algo no está funcionando.
- ○ Me falta paciencia.
- ○ Pierdo mi motivación con rapidez.
- ○ Me convenzo de que va a ser demasiado difícil persistir en algo durante un largo tiempo.
- ○ En ocasiones, mis intentos por cambiar son un poco desganados y cuando no veo resultados inmediatos decido que algo debe no estar funcionando.
- ○ No sé definir cuando las expectativas son o no realistas.
- ○ Quiero fijarme metas ambiciosas.
- ○ _____.

> *La impaciencia y la ansiedad que experimento cuando algo no sucede rápido me ayudan a sentir mayor confianza en mí. Ahora, veo que mi trabajo es lidiar con el caos, no acelerar las cosas.*
>
> Warren M. (43 años, Florida)

LA HISTORIA DE CHUCK

Chuck acudió al consultorio y expresó que se sentía varado. Era probable que su esposa estuviera padeciendo depresión y ella no quería hacer nada al respecto.

Dijo que era muy difícil estar casado con una mujer que se sentaba en el sofá a ver la televisión todo el tiempo. Durante un año entero, trató de convencerla para que buscara ayuda y ella se negó a hacerlo. Me dijo: "Cuando me casé, prometí estar con ella en la salud y en la enfermedad, pero en este momento no siento que la relación sea sana para ninguno de los dos".

Reconoció que había asumido más un papel de padre que de pareja.

Afirmó: "Le recuerdo cuándo comer. Le digo que se vaya a la cama. La aliento a que se arregle y la trato de convencer de que haga cosas divertidas. Discute conmigo como si fuera una adolescente".

Desarrollamos una meta para Chuck (algo de lo que hablaremos más adelante). Quería empezar a comunicarse con su esposa de manera diferente. En lugar de sermonear, podía escuchar. Y en lugar de indicarle lo que debería hacer, podía centrarse en lo positivo y reforzar los pasos que intentara llevar a cabo. También podía invitarla a hacer cosas con él sin

No esperes resultados inmediatos

ponerse insistente, ni hacerla sentir avergonzada si ella decidía negarse.

A la semana siguiente, Chuck entró al consultorio y me dijo: "No funcionó. Todavía no quiere ir a ver a un médico".

De manera que hablamos del tiempo que tardaron para entrar en el patrón de comunicación actual: más de un año. Y después hablamos del tiempo que Chuck pensaba, de manera razonable, que se necesitaría para que las cosas cambiaran. Pudo dar un paso atrás y reconocer que era poco razonable pensar que las cosas cambiarían de manera milagrosa en tan solo una semana.

También discutimos sus expectativas de que su esposa empezara a consultar a un médico. Él no podía controlar sus decisiones, pero lo que sí podía hacer era controlar la manera de comunicarse con ella.

Una vez que empezó a concentrarse en mejorar sus comunicaciones, Chuck se sintió aliviado. No necesitaba medir su "éxito" de acuerdo con que su esposa iniciara o no un tratamiento. En lugar de ello, podía medir su propia tasa de éxito al analizar el número de veces que elegía mejorar sus comunicaciones con su esposa a lo largo de la semana, y en cada semana se presentaban muchas oportunidades para ello.

Al paso de varias semanas, Chuck empezó a notar algunos cambios positivos. Estaban discutiendo menos y hablando más. De vez en cuando, su esposa hacía comentarios referentes a que quería sentirse mejor y, cuando lo hacía, Chuck podía alentarla sin recurrir a sus anteriores comentarios sarcásticos.

Después de algunos meses, la invitó a que lo acompañara a una sesión de terapia y ella estuvo de acuerdo. Cuando acudió a la cita con él, hablamos acerca de su relación, de las mejoras que había visto en Chuck en épocas recientes y de cómo se sentía ella. Al final de la sesión, ella accedió a ser canalizada con uno de mis colegas para que pudiera hablar con alguien acerca de su depresión.

Después de algunos meses, Chuck se sintió más en control de su vida y esperanzado respecto a su matrimonio. Se centró en mejorar su comunicación mientras que apoyaba los esfuerzos de su esposa durante su tratamiento. Sabía que se iba a necesitar tiempo para sanar su relación y para que mejorara la depresión de su esposa, pero confió en que los pequeños pasos que estaba tomando iban en la dirección correcta y que, si seguía adelante, eventualmente alcanzaría sus metas.

> *Me recuerdo que mis metas son más como un maratón, no como una carrera rápida. Me centro en aquello que puedo hacer el día de hoy, al tiempo que mantengo mi objetivo principal en mente. No espero cruzar la meta el día de hoy, pero sí espero acercarme cada vez más a lograrlo.*
>
> EMILY (32 años, Kansas)

EJERCICIOS DE FORTALEZA MENTAL

Esperar resultados inmediatos puede ser un hábito difícil de evitar; sin embargo, existen diversas estrategias que pueden ayudarte a desarrollar paciencia, entereza y perseverancia con el fin de alcanzar tus metas. A continuación te presento mis

No esperes resultados inmediatos

ejercicios favoritos que pueden ayudarte a dejar de esperar resultados inmediatos.

Establece una meta sana

Es muy importante que empieces con una *buena* meta. Si comienzas con un objetivo imposible, sabotearás tus oportunidades de éxito.

Conozco a mucha gente que se impone metas imposibles de lograr. Si inicias con una de esas, y con expectativas poco razonables además, estás preparando el terreno para el fracaso.

Un pequeño cambio en la manera en que estableces un objetivo puede hacer una enorme diferencia para garantizar que tengas expectativas razonables.

Por ejemplo, ¿qué significa exactamente el decirte que buscas "ser más saludable"? Si bebes más agua y comes algunas verduras adicionales, ¿con eso alcanzarás tu meta? ¿O qué tal si caminas tres días a la semana? ¿Eso significa que serás más saludable?

Las *buenas metas* deben ser:

> **Mensurables**: no es posible medir si estás "más sano", pero sí puedes medir el comer cinco porciones de verduras al día y el ejercitarte durante 20 minutos tres días de cada semana.
>
> **Factible**: en ocasiones, a la gente le gusta decir cosas como: "Quiero sentirme mejor". No obstante, es importante que identifiques los pasos que debes tomar para sentirte mejor. Podrías decir que usarás 30 minutos

al día para hacer algo que disfrutas. El resultado de esa conducta es que podrías sentirte mejor.

Realizables: crea una meta sobre la que tengas control. Así, en lugar de declarar que quieres que te asciendan, especifica los pasos que vas a tomar para intentar ganarte un ascenso (ir a dos eventos de *networking* por mes, tomar algún curso, ofrecerte como voluntario para llevar a cabo un proyecto adicional por semana, etcétera).

META DE POCA UTILIDAD	META DE MUCHA UTILIDAD
Quiero ser más feliz.	Empezaré a programar tres cosas divertidas que hacer cada semana.
Quiero tener una mejor vida social.	Me uniré a dos clubes para hacer actividades en el mes para así conocer gente nueva.
Quiero ponerme en forma.	Caminaré durante 30 minutos, cinco noches por semana.
Quiero cuidar de mí.	Empezaré a hacer una cosa para cuidar de mí cada domingo por la tarde.
Quiero tener más dinero en el banco.	Empezaré a ahorrar una cantidad específica de cada salario.

¿Cuál sería un ejemplo de una meta poco razonable que te hayas puesto? ¿Qué hizo que esa meta fuera poco razonable? ¿Cómo afectó tus expectativas del momento en que debías ver resultados?

No esperes resultados inmediatos

¿Qué meta puedes establecer para ti que sea mensurable, factible y realizable?

Monitorea tu progreso, no tu velocidad

Cuando cursé el tercer grado, mi maestra le dijo a mamá que era rapidísima trabajando. Eso lo tomé como algo de lo que enorgullecerme y quise asegurar mi trono como la más veloz de la clase. Siempre que nos daban un ejercicio por hacer, trabajaba a toda velocidad para tener el orgullo de entregársela a la maestra antes que nadie. Una de mis amigas decidió competir conmigo para ver quién podía terminar con mayor velocidad. Eso significó que tuve que escribir mis respuestas más rápido que nunca.

Aunque muchas veces lograba entregar mi trabajo "primero", la calidad del mismo empezó a palidecer. Y lo que se nos calificaba era un trabajo bien hecho, no la velocidad con la que lo entregábamos.

Cuando mis notas empezaron a bajar, mi mamá tuvo una plática conmigo. Me explicó que no ganaría ningún premio si siempre entregaba primero los deberes. Garabatear mis respuestas y correr hasta el escritorio de la maestra no era buena idea. Era mejor que me tomara mi tiempo y verificara mis respuestas para que pudiera, de hecho, aprender.

Me gustaría decir que a partir de entonces desestimé ese anhelo por hacer las cosas rápido, ¡pero no fue así! Mientras algunas personas batallan para terminar lo que hacen porque quieren que todo sea perfecto, yo me enfoco en la cantidad sobre la calidad en muchas de las áreas de mi vida hasta el día de hoy. Por ejemplo, hablemos de escribir. Me resulta fácil redactar un capítulo de un libro en un solo día. No es un buen capítulo… pero puedo hacerlo. Tan pronto como lo termino, quiero empezar el siguiente. Investigar y escribir son cosas divertidas para mí. Editar no es tan divertido porque tengo que regresar y corregir los errores, y eso toma incontables horas. De modo que todavía tengo que recordarme que lo que debo hacer es monitorear mi progreso verdadero; no la velocidad con la que produzco mi trabajo.

Suena de lo más ridículo en la actualidad, pero es muy fácil perder de vista nuestras metas verdaderas. Hay ocasiones en que empezamos a prestar más atención a la velocidad con la que estamos avanzando, que al cumplimiento de la meta en sí. Aprender a monitorear tu progreso, no tu velocidad, puede serte de ayuda.

Cuando las organizaciones tienen una importante meta de recaudación de fondos, es frecuente que construyan uno de eso gráficos en forma de termómetro gigante para rellenarlo a medida que se acercan a su meta. Eso es muy sabio. Desglosa lo que parece ser una tarea imposible, como recaudar un millón de dólares, en pasos más pequeños. Cuando ves que alcanzaste algún hito, como recaudar 50 mil dólares, le meta de un millón parece un poco más realizable.

Monitorear el progreso en tus metas puede comunicarte que avanzas, aunque sea lento. Y ver resultados puede ayudarte a no perder tu camino.

No esperes resultados inmediatos

Ten en mente, sin embargo, que lo que necesitas monitorear podrían no ser los resultados. En lugar de ello, quizás quieras evaluar tu comportamiento. Por ejemplo, tal vez decidas que quieres estudiar la frecuencia con la que hacer ejercicio (en lugar de cuantificar lo que pesas). Puedes controlar la frecuencia con la que eliges ejercitarte.

Día con día, podrías marcar una X en tu calendario cuando logres hacer 20 minutos de ejercicio cardiovascular. El solo hecho de mirar el calendario, el número de días que estás haciendo ejercicio, puede ayudarte a perseverar.

Otra estrategia útil puede implicar que determines una meta para los siguientes 30 días. Puedes lograr mucho en ese tiempo si haces que algo se convierta en una prioridad.

Hace un par de años decidí tratar de lograr que mis músculos abdominales se vieran definidos en 28 días. Contraté a un entrenador, cambié mi dieta y empecé a levantar pesas. Trabajé muchísimo aunque no estaba segura de poder lograrlo. Pero, para el final del mes, alcancé mi meta. Tuve abdominales ultradefinidos, tanto que impactaron a mi entrenador lo suficiente como para que contratara a un fotógrafo para tomar las imágenes del "después", y así pudiera mostrarle a todo el mundo.

En retrospectiva, "tener abdominales ultradefinidos" no fue la mejor meta posible. Había algunas variables importantes que no podía controlar (al parecer, la genética representa un papel primordial en si de verdad se observará la definición de tus músculos abdominales). Una mejor meta quizás hubiera sido: "Voy a trabajar con mi entrenador seis días de la semana y seguiré el plan alimenticio recomendado".

Aprendí que puedes obtener resultados impactantes cuando haces que algo sea una prioridad. Sin embargo, la mayor parte del tiempo, las cosas que queremos lograr no necesariamente son merecedoras de convertirse en nuestra máxima prioridad. Es más que posible que tu relación, tu salud mental, tu vida social y tus finanzas sean las prioridades. Si algo de tu lista de prioridades está por ahí de la casilla cinco, ten en cuenta que te va a llevar cierto tiempo ver resultados.

De manera que, si tu meta es saldar una deuda de 20 mil dólares, de manera realista, piensa en lo que puedes aportar como pago inicial el mes siguiente. Quizás decidas establecer un objetivo de dos mil dólares para empezar y a partir de ahí desarrollar una estrategia que te ayude a lograrlo.

¿A qué meta puedes dedicarte durante los próximos 30 días?

¿Cómo puedes monitorear tu progreso?

No esperes resultados inmediatos

Desafía a tu mente

Cuando empieces a esforzarte por alcanzar una meta importante, tu mente intentará convencerte de que te des por vencido. Te dirá que estás demasiado cansado, que tu objetivo es exageradamente ambicioso o que no hay manera alguna en que logres superar los obstáculos que se interpongan en tu camino.

También tratará de convencerte de que lo que estás haciendo no está funcionando. Te dirá que estás desperdiciando tus esfuerzos y que no tiene caso intentarlo.

> *El solo pensar en una meta importante hace que me agote, pero cuando me centro en lo que puedo hacer en este momento, recupero la confianza. Así que trato de centrarme más en lo que puedo lograr hoy y no en lo que quiero alcanzar en un año.*
>
> ALYSON
> (27 años, Wisconsin)

Por fortuna, tu mente no siempre tiene la razón. De hecho, su trabajo es convencerte de que no te arriesgues y que te tomes las cosas con tranquilidad en la vida. Tu trabajo es desafiar a tu mente. Cuando te diga que no puedes hacer algo, considéralo como un reto. Y, después, haz tu máximo esfuerzo por probar lo contrario.

Casi a diario, corro poco más de kilómetro y medio a la mayor velocidad que puedo. Aunque llevo años haciéndolo, mi cerebro sigue tratando de convencerme que baje de velocidad cada vez que corro. Cuando me acerco al primer kilómetro, mi mente me dice que no hay manera en que conserve la misma velocidad hasta que llegue a la meta. Me trata de convencer de que necesito detenerme para recuperar el aliento.

Por fortuna, sé que mi cerebro me subestima. Cuando empiezo a pensar esas ideas, hago mi máximo esfuerzo por correr todavía más rápido (aunque eso no siempre sucede). Mi meta es demostrarle a mi mente que puedo correr más rápido aunque me sienta cansada, y que puedo tolerar la incomodidad de sentir cómo se me dificulta respirar y que mis piernas se sienten como si se estuvieran quemando.

Por supuesto, hay ocasiones en que necesitas hacerle caso a tu cerebro. Si me lastimo, dejo de correr; pero cuando sé que mi mente solo está tratando de mantenerme cómoda y que es sano seguir adelante, me presiono a hacerlo.

Desafiar a tu mente puede ayudarte a persistir de forma más duradera. Te puede ayudar a seguir adelante incluso cuando ya no tienes ganas de hacerlo. Para este momento, me doy cuenta de que solo porque mi cerebro me dice que me debo dar por vencida, no significa que necesite hacerlo. No tengo que creer esos pensamientos. En lugar de ello, me puedo recordar que mi mente me subestima.

Las actividades físicas son una de las mejores maneras de desafiar a tu mente. Te tratará de convencer de que no puedes seguir adelante mucho antes de que en realidad necesites rendirte. De modo que aunque correr un kilómetro y medio con límite de tiempo a diario es una manera en que podrías hacerlo, en definitiva hay otras cosas que puedes intentar. A continuación te doy algunos ejemplos:

- ▶ **Haz lagartijas o dominadas.** Observa el momento en que tu mente te diga que ya no puedes e intenta hacer al menos una más.

- ▶ **Haz una caminata o carrera de larga distancia.** Presta atención a los momentos en que tu mente te diga que

No esperes resultados inmediatos

estás muy cansado para seguir caminando. Sigue un poco más allá.

- **Corre lo más rápido que puedas.** Puedes cronometrar el tiempo que te toma correr 1.5 kilómetros como lo hago yo, o tomar el tiempo que tardas en correr una vuelta alrededor de un circuito; después, trata de correr todavía más rápido.

Si no puedes con el ejercicio físico, hay muchas otras maneras de desafiar a tu mente. Desafíate a seguir haciendo algo más tiempo del que tu cerebro te dice que puedes hacerlo, como leer un libro, escribir en tu diario o hacer ejercicios de respiración.

<u>¿Qué actividad puedes hacer para comprobar las maneras en que tu cerebro te pide rendirte mucho antes de que necesites hacerlo?</u>

<u>¿Qué le puedes decir a tu mente cuando trate de convencerte de no persistir? ¿Qué pasos puedes tomar para seguir adelante?</u>

LA TAREA PARA ESTA SEMANA

Presta atención a todas las formas en las que esperas resultados inmediatos durante esta semana. Es posible que sean cosas pequeñas, como esperar una respuesta a algún correo electrónico, o quizás cosas más importantes, como esperar que un medicamento recetado disminuya tus niveles de colesterol de inmediato. Observa cómo respondes cuando las cosas no suceden tan rápido como quieres. ¿Te sientes tentado a darte por vencido? ¿Te alteras? ¿O puedes cambiar tus expectativas de manera saludable?

Crea tu plan para dejar de esperar resultados inmediatos

¿Cuáles son algunas cosas que puedes hacer para dejar de esperar resultados inmediatos?

- ◯ Ajustar mis expectativas.
- ◯ Establecer metas realistas.
- ◯ Encontrar maneras de monitorear mi progreso.
- ◯ Practicar desafiar a mi mente.

No esperes resultados inmediatos

○ Centrarme en la paciencia, más que en los resultados inmediatos.

○ _____.

Ahora, identifica algunos pasos que podrías tomar para dejar de esperar resultados inmediatos. Estas estrategias podrían implicar cambiar tu mentalidad, además de modificar tu comportamiento para que puedas seguir esforzándote por alcanzar tus metas aun cuando las cosas no estén sucediendo con la velocidad que desearías. A continuación enlisto algunos ejemplos de pasos que podrías tomar para dejar de esperar resultados inmediatos:

- ▶ Estableceré una meta financiera mensual y un pequeño objetivo que pueda esforzarme por alcanzar a diario.

- ▶ Seguiré mis metas de condición física con base en el número de días que me ejercite para que no me preocupe por la cantidad exacta de peso que pueda ir bajando.

- ▶ Hablaré con mi médico acerca de los resultados que puedo esperar de manera realista con mis medicamentos, y anotaré mi progreso cada semana.

- ▶ Pasaré 30 minutos de cada día escuchando un pódcast financiero para aprender más acerca del dinero a lo largo de los próximos tres meses.

- ▶ Cuando me vea tentado a dejar de aprender a hablar otro idioma, me recordaré lo mucho que ya aprendí, en lugar de enfocarme en lo mucho que me falta por aprender.

¿Cuál es ese paso que te ayudaría a dejar de esperar resultados inmediatos?

¿Qué notarás acerca de ti mismo una vez que dejes de esperar resultados inmediatos?

¿Cómo cambiará tu vida?

Conclusiones

El simple hecho de leer un libro sobre cómo hacer ejercicio no fortalecerá tu musculatura. De la misma manera, un cuaderno de trabajo acerca de la fortaleza mental no te hará fuerte en ese sentido. Sin embargo, practicar esos ejercicios de fortaleza mental te ayudará a ser cada vez más fuerte.

Ten en cuenta que desarrollar tu musculatura mental es un proceso continuo. Si descansas mucho tiempo, tus músculos se atrofiarán.

Hay veces en que escucho que las personas dicen: "No necesito desarrollar mi fortaleza mental; ya soy fuerte", pero de la misma manera en que tus músculos corporales necesitan ejercitarse constantemente, así también deben hacerlo tus músculos mentales.

Es probable que algunos de estos ejercicios se conviertan en estrategias habituales. Puedes mezclar y combinar ejercicios de los distintos capítulos para afrontar una variedad de temas. Escribirte una carta amable u "oler la pizza", por ejemplo, podrían ayudarte a dejar de sentir lástima por ti, además de ayudarte a evitar rendirte después de un fracaso inicial, mientras que alguien más podría encontrar que llamarse por su nombre y hablarse como un buen amigo es lo que mejor le funciona en esas mismas situaciones.

Tú tienes que decidir qué ejercicios podrán servir para convertirte en la mejor y más fuerte versión de ti mismo.

Además, por supuesto, los ejercicios solo funcionarán si te estás cuidando y si estás creando el entorno más saludable posible para que puedas florecer.

RECUERDA MOMENTOS DIFÍCILES POR LOS QUE YA PASASTE

Sin importar el tipo de desafío al que te enfrentes, un ejercicio que siempre te puede ayudar es recordar la fuerza interior que te ayudó a atravesar momentos difíciles en el pasado. Tener presente cómo superaste esos otros momentos difíciles te recordará la enorme cantidad de fuerza interna que ya posees.

Siempre que me encuentro llena de dudas o si empiezo a cuestionarme si puedo lograr algo, recuerdo lo que ya sobreviví en el pasado.

Solía estar aterrada de hablar en público. La idea de ponerme de pie frente a una habitación llena de personas me parecía imposible. Sin embargo, hablé en el funeral de Lincoln. En ese momento, poco me importó que mi voz fuera temblorosa o que dijera algo incorrecto. En lugar de eso, mi meta era contar la historia de Lincoln y quería que todos en la habitación la escucharan. Hubo muchas cosas que me ayudaron a pasar por ese momento, incluyendo a mis amigos,

Conclusiones

mis familiares y las conversaciones que tuve conmigo misma para poder afrontar mi duelo.

Ahora, siempre que me da miedo hacer algo o cuando dudo de mi capacidad para enfrentar cualquier dificultad, me recuerdo que si sobreviví la muerte de mi marido, y si encontré el valor para hablar en su funeral, puedo encarar cualquier desafío que se me presente.

Aunque no conozco tu historia, estoy segura de que, sin duda, también superaste algo difícil en tu vida. Con toda seguridad, pasaste por situaciones difíciles que jamás pensaste que fueran posibles.

Quiero que elijas una de ellas. Piensa en la cosa más difícil que has afrontado y en cómo lograste hacerlo. Escribe tu historia ahora y recuérdala siempre que estés batallando con algo. Incluye detalles acerca de cómo fue que atravesaste ese trance. La historia te recordará que tienes una fuerza interior que en ese instante ni siquiera sabías que poseías. Y si puedes pasar por eso, puedes con lo que sea que te esté aquejando en este momento, con cualquier reto al que te enfrentes a futuro.

MI HISTORIA DE FUERZA INTERIOR

Conclusiones

Desarrolla tu plan

Piensa en los pasos que vas a tomar para seguir acrecentando tu fortaleza mental a lo largo de tu vida.

Pero, antes de que lo hagas, piensa en los hábitos contraproducentes en los que te vas a centrar para deshacerte de ellos. No tienes que trabajar con las 13 cosas a la vez. Más bien, elige el mal hábito con el que quieras lidiar primero. Quizás sea el que haces con mayor frecuencia o con el que más dificultades estás teniendo en este instante.

¿Con cuál de las 13 cosas vas a trabajar primero? ¿Qué fue lo que te hizo escogerla?

¿Cuál de los ejercicios vas a utilizar para lidiar con ello?

¿Cómo sabrás que te estás haciendo más fuerte en términos mentales? ¿Qué cambios observarás?

Conclusiones

¿Qué señales de advertencia te indicarán que necesitas esforzarte más para acrecentar tu fortaleza mental?

Si estás batallando para aumentar tu fortaleza mental por ti mismo, ¿qué pasos puedes tomar?

13 cosas que las personas mentalmente fuertes no hacen

CONVIÉRTETE EN TU PROPIO ENTRENADOR DE FORTALEZA MENTAL

Mi trayectoria personal me enseñó que soy más fuerte de lo que pensaba y, aunque me resulta incómodo presionarme a hacer cosas difíciles, también es esencial para poder vivir la mejor versión de mi vida.

Claro que soy una obra en desarrollo. Hay infinidad de días en los que cedo a la tentación o cuando decido creerles a mis pensamientos de escasa utilidad, pero ahora tengo las habilidades para aprender de mis errores, así como el valor para seguir adelante.

Al igual que yo, estoy segura de que habrá veces en que te sientas fuerte y otras en que no. Habrá temporadas de tu vida que te parezcan sencillas y otras que se sientan como un desafío constante.

Tal vez batalles con un solo tema en una ocasión y con otro por completo diferente en otra. Las inevitables vicisitudes de la vida pondrán tu fortaleza a prueba desde todos los flancos posibles.

Por fortuna, puedes convertirte en tu propio entrenador de fortaleza mental. Asegúrate de verificar tu progreso.

Al final de cada día, pregúntate: "¿Qué hice el día de hoy para volverme más mentalmente fuerte?". Hay muchas cosas que te pasarán a diario y que estarán fuera de tu control, pero lo que sí puedes controlar es la manera en que respondes a ellas. Todos los días se presentan un sinfín de oportunidades para deshacerte de los malos hábitos que pueden estarte limitando y muchas oportunidades para practicar los ejercicios que te ayuden a acrecentar tu fortaleza mental.

Conclusiones

De modo que si alzaste la voz aunque tenías miedo de hacerlo o si te resististe a una tentación que te hubiera descarrilado de tus metas, reconoce a diario lo que hiciste para acumular fortaleza mental. Reconocer los pasos que tomes cada día para fortalecerte te ayudará a evaluar el progreso obtenido al paso del tempo.

Hay muchas cosas que puedes hacer para que preguntarte lo anterior se convierta en un hábito cotidiano. Escribe en un diario, cuestiónatelo todas las noches mientras te estés cepillando los dientes antes de ir a la cama o cuéntaselo a tu pareja durante la cena. Sea lo que elijas hacer, incorporarlo en tu vida diaria asegurará que el fortalecimiento mental sea una parte esencial de tu plan general para construir la mejor versión posible de tu vida.

¿Qué hiciste hoy para volverte más mentalmente fuerte?

¿Cómo puedes recordar plantearte esa misma pregunta todos los días?

Tus dificultades con ciertas cosas son una señal de que algunas habilidades podrían necesitar afinarse. Es posible que haya ocasiones en que cambies de curso y otras en las que necesites una renovación completa. No obstante, al final, la forma en que respondas a lo que sea que la vida te ponga enfrente depende de ti.

Quizás haya veces en que decidas pedir ayuda. Una perspectiva externa puede servir de mucho para sentirte mejor y para fortalecerte. De modo que ya sea que confíes en un amigo, que hables con tu médico o que te reúnas con un terapeuta, recuerda que pedir ayuda es una señal de fortaleza, no de debilidad.

Sigue practicando los ejercicios que aprendiste en este cuaderno de trabajo. Sin importar cuáles sean tus metas ni los retos a los que te enfrentes, cuando te liberes de las cosas que te están limitando, podrás lograr hazañas increíbles.

Recursos

VerywellMind.com. Este es el sitio de salud mental más grande del mundo. Yo soy su editora en jefe. Nuestro consejo de revisión médica garantiza que cada artículo sea objetivamente correcto y ofrecemos contenido gratuito que te puede ayudar a aprender acerca de temas de salud mental y a construir la mejor versión de tu vida.

El pódcast de Verywell Mind. Soy presentadora de un programa que se centra en estrategias para aumentar la fortaleza mental. Cada lunes entrevisto a un invitado que comparte sus propios consejos para volverse más mentalmente fuerte. Cada viernes comparto un breve episodio (10 minutos) que explica un ejercicio para aumentar tu fortaleza mental.

Talkspace. Si estás en busca de un terapeuta en línea o quieres reunirte con un psiquiatra que pueda recetarte medicamentos, prueba Talkspace. Yo lo he utilizado de manera personal y me impactó la calidad de los tratamientos que ofrece. Puedes reunirte con un terapeuta por medio de videoconferencia o puedes hablar con alguien a través de algún servicio de mensajes a lo largo de la semana.

Headspace. Es una aplicación que te enseña estrategias de meditación y de atención plena. En apenas algunos minutos al día, te acompañan a realizar una meditación que puede ayudarte a relajar tu mente y aumentar tu felicidad. Incluso tienen meditaciones guiadas que pueden ayudarte a dormir mejor.

Psychology Today. Este sitio ofrece contenido útil que incluye un directorio de terapeutas. Si ingresas tu código postal, puedes encontrar terapeutas cercanos a ti que estén aceptando pacientes nuevos. Lee su biografía, ve su fotografía y entérate de cómo programar una cita.

Libros escritos por otros profesionales de la salud mental

Cuestión de límites de Nedra Glover Tawwab

Deberías hablar con alguien de Lori Gottlieb

Detox Your Thoughts (*Desintoxica tus pensamientos*) de Andrea Bonior

Deshacer la ansiedad de Judson Brewer

Deja de autosabotearte de Mark Goulston

El cuerpo lleva la cuenta de Bessel van der Kolk

Cómo cambiar de Katy Milkman

Referencias

Capítulo 1
Chorpita, Bruce F. y John R. Weisz. *Match-ADTC: Modular Approach to Therapy for Children and Anxiety, Depression, Trauma, or Conduct Problems*. Satellite Beach, FL: PracticeWise, 2009.

Capítulo 6
Maik Bieleke, Lucas Keller y Peter M. Gollwitzer. "If-then planning". *European Review of Social Psychology*, vol. 32, núm. 1 (2021): 88-122.

Capítulo 7
Wegner, D. M., D. J. Schneider, S. R. Carter y T. L. White. "Paradoxical effects of thought supression". *Journal of Personality and Social Psychology*, vol. 53, núm. 1 (julio de 1987): 5-13.

Capítulo 10
Lin-Siegler, X., J. N. Ahn, J. Chen, F.-F. A. Fang y M. Luna-Lucero. "Even Einstein Struggled: Effects of Learning about Great Scientists' Struggles on High School Students' Motivation to Learn Science". *Journal of Educational Psychology*, vol. 108, núm. 3 (2016): 314-328.

Agradecimientos

Fue todo un sueño reexaminar *13 cosas que las personas mentalmente fuertes no hacen* y entrar en detalle acerca de cada una de esas cosas en el presente cuaderno de trabajo. Me honra que HarperCollins reconozca la importancia de este proyecto.

Agradezco a Lisa Sharkey de HarperCollins, quien creyó en mí y en mis libros desde el principio. Ella fue decisiva para convertir mis ideas acerca de la fortaleza mental en libros.

Muchas gracias también al resto del dedicado equipo de HarperCollins, incluyendo a Maddie Pillari y a Emilia Marroquín por su asistencia.

También estoy muy agradecida con mi agente, Stacey Glick, quien me alentó a convertir mi artículo "13 Things Mentally Strong People Don't Do" en un libro. Ha apoyado cada uno de mis proyectos desde entonces.

Por supuesto, deseo expresar mi mayor agradecimiento a ustedes, mis lectores, seguidores en redes sociales y escuchas de mi pódcast. Gracias por plantearme sus preguntas, por comprar mis libros y por mostrar un interés continuo en aprender más acerca de la fortaleza mental. Ustedes han hecho posible esta trayectoria. Además, gracias muy especiales a

13 cosas que las personas mentalmente fuertes no hacen

los lectores que me proporcionaron sus reflexiones y consejos para el presente cuaderno de trabajo. Siento un profundo aprecio por todos ustedes.

Esta obra se terminó de imprimir
en el mes de octubre de 2024,
en los talleres de Impresora Tauro, S.A. de C.V.
Ciudad de México.